율곡의 상소

| 일러두기 |

이 책은 한문 원문으로 직접 고전에 접근하기 어려운 독자들을 위해 원문의 의미를 크게 훼
손하지 않는 범위 내에서 쉽게 읽을 수 있도록 번역하여, 누구든지 고전을 읽고 배울 수 있도
록 하였다.

〈동호문답〉〈만언봉사〉의 원문은 홍익출판사 블로그(https://blog.naver.com/hongikbooks)에서
확인 또는 다운 받을 수 있다.

2016년 출간된 《직간》의 개정판이다.

율곡의 상소

疏

율곡 이이 지음
오세진 역해

홍익출판사

16세기 조선에서
우리의 현재를 보다

조선의 전 역사를 통틀어 가장 빼어난 학자 중 한 명이었던 율곡은 사서삼경이나 《사기史記》 같은 유교 경전과 역사서에서 인용된 용어나 고사를 자주 인용한다. 이를테면 '도道', '이理', '기氣'와 같은 성리학의 용어가 예사로 쓰인다. 비전공자인 독자가 이런 용어들을 하나하나 이해해가며 글을 읽기란 쉽지 않다. 그래서 비전공자를 위해서 최대한 친절하고 쉬운 설명으로 율곡을 소개하고 싶었다.

율곡이 쓰는 언어는 화려하고 어려운 듯해도 그가 전달하려는 메시지는 명료하고 이해하기가 어렵지 않다. 용어나 내용이 다소 생소하게 느껴지더라도 일단 묵묵히 페이지를 넘기다 보면 어려운 용어나 역사적 고사 속에 담긴 단순 명쾌한 그의 논점을 금세 파악할 수 있다.

그의 말은 마치 오늘날 강직한 공직자가 청와대에서 대통

령을 면대하고 건네는 제언처럼 들리기도 한다. 그만큼 오늘날의 정치 상황에도 유효한 이야기들이 많다. 다만, 16세기 조선 지식인이 갖춘 소양에 걸맞은 그 시대의 언어로 이야기하는 것일 뿐이다.

율곡의 두 저작 〈동호문답東湖問答〉과 〈만언봉사萬言封事〉를 번역하면서 의문이 들었다. 이렇게 재미있고 쉽고 가치 있는 고전이 왜 많이 번역되지 못했을까?《논어論語》의 번역본이 수백 종인 데에 비해서 이 두 저작의 번역본은 2~3종에 불과하다. 그 이유는 율곡의 저작은 역사적, 철학적 배경지식이 없이는 읽기 어려운 점이 있기 때문이다.

그간의 번역들은 이런 점에서 친절함이 부족했다. 필자가 처음 번역서로 접했던 〈동호문답〉과 〈만언봉사〉는 우리말임에도 불구하고 읽기가 수월하지 않았던 기억이 난다. 번역 투의 글이 이해가 안 되어서 한문 원문을 찾아보고 싶은 충동을 자주 느꼈다. 원문을 보면 글이 이해되고 왜 그렇게 번역했는지도 알 수 있었다. 한국의 고전들이 다수 번역되고 있지만 일반 독자들이 읽기에는 어려운 경우가 여전히 많다. 전공자라면 한문으로 읽으면 될 일이다. 그러므로 번역서는 원문을 보지 않아도 번역문 자체만으로 이해할 수 있도록 옮겨져야 한다. 필자는 이러한 점에 유의하여 일반 독자가 한문이나 배경지식을 잘 몰라도 율곡의 저작을 쉽게 읽을 수 있도록 하는 것을 최우선으로 하였다.

그러면 왜 지금 우리는 율곡을 읽어야 할까? 우리는 율곡을 어떻게 기억하고 있나? 교과서에서 배운 대로 '주기론主氣論', '기발이승일도설氣發理乘一途說', '이통기국설理通氣局說'과 같은 키워드로 기억하는 사람이 많을 것이다. 혹자는 오천 원권 지폐에 새겨진 유명한 분 정도로 기억할 것이다. 이런 것이 율곡에 대한 지식일까? 조선의 대학자 율곡의 사상을 이해하기 위하여 그의 저작을 읽는 일은 서양의 지적 전통을 이해하기 위해 플라톤이나 칸트를 읽는 것과 다르지 않다. 우리는 과거의 지적 전통과 역사에 대해 너무 빈곤한 지식을 가지고 있다. 율곡을 아는 것은 우리가 반드시 알아야 할 우리 역사를 향한 첫걸음이다.

그렇다면 율곡의 많은 저작 중에서 왜 〈동호문답〉과 〈만언봉사〉를 읽어야 하는 걸까? 율곡은 〈동호문답〉과 〈만언봉사〉 말고도 흥미로운 저작을 많이 남겼다. 특히, 율곡을 대표하는 저작으로 《성학집요聖學輯要》가 있다. 《성학집요》는 체계적이며 차분한 저서이나 내용이 방대하고 어렵다. 그에 비해 〈동호문답〉과 〈만언봉사〉는 짧고 쉽다. 또한 임금이라는 명확한 독자를 두고 간절하게 설득하려는 목적으로 쓰인 글이기에, 읽다 보면 율곡의 육성을 듣는 듯 그의 성격과 강직함, 논리력, 판단력 등을 느낄 수 있으며 무엇보다도 정치인 이율곡에 대해서 잘 알 수 있다. 그리고 이 두 저작을 통해 16세기 조선의 정치와 사회를 경험할 수 있다. 조선시대의 문학, 사학, 철학, 정치가 한데 녹아들어 있어 최고의 인문서라고 부르기에 부족함이 없다.

율곡의 저작을 번역하고 연구하면서 나 또한 많은 배움을 얻었다. 논문들과 조선왕조실록을 뒤져가며 공부하여 정확하면서도 쉬운 번역을 하려고 애썼다. 특히 율곡이 교유를 맺었던 문인들의 문집이나 조선왕조실록을 살펴보면서 말의 맥락을 파악할 수 있었고 새로운 사실들도 많이 알게 되었다. 그럼에도 여전히 찾지 못한 자료나 사안이 있을까 두려운 마음이 든다. 언제나 열린 마음으로 독자들의 질정을 기다린다.

이 책을 번역하면서 율곡처럼 정확한 판단력과 강직한 성품을 지닌 정치인이 지금 대한민국에 있으면 좋겠다는 생각을 했다. 지금 당장은 아니어도 훗날 훌륭한 정치 지도자가 될 인재가 이 책을 읽고 영감을 받을 수 있다면 더없이 기쁠 것이다. 이 책을 기획하고 출판하는 데에 많은 도움을 주신 홍익출판사 분들께 감사드린다.

오세진

만언봉사 (선조 7년 1574, 율곡 39세)

율곡 이이는 누구인가?

율곡栗谷 이이李珥에 대해서 우리는 얼마나 알고 있을까? 퇴계退溪 이황李滉과 쌍벽을 이루는 조선의 위대한 학자로 알고 있는 사람이 대부분일 것이다. 하지만 그는 학자일 뿐만 아니라 열혈 개혁가, 즉 정치인이었다. 율곡은 선조 임금에게 직언을 퍼붓고 마치 스승처럼 가르쳤다. 자신의 개혁안에 확신이 있었기에 직설적인 어조로 왕을 설득하려 한 것이다. 그는 목숨까지 걸고 임금에게 지속적으로 자신의 개혁안을 올렸다. 선조 임금이 율곡의 개혁안을 쓰지 못하자 실망한 율곡은 여러 차례 조정을 떠나지만 선조는 그를 끊임없이 불러 가까이 하고 조언을 듣고자 하였다. 듣기에 거슬리긴 했지만 율곡의 조언이 합당하고 정확하다고 생각했기 때문이었는지도 모른다. 그러면 이제 율곡이 어떤 사람이었는지 간단히 알아보자.

율곡 이이는 1536년(중종 31) 아버지 이원수李元秀와 어머니 신사임당(申師任堂, 1504~1551) 사이에서 4남 3녀 중 다섯째로 태어났다. 태어난 곳은 외가가 있던 강릉江陵이고, 고향은 파주坡州 율곡栗谷이다. 율곡은 아버지를 그다지 존경하지 않았다. 아버지 이원수는 과거에 급제하지도 못한 채 한량으로 지내다가 50세가 되어서야 음직蔭職으로 관직에 나갔다. 가족의 생계도 등한했고 부인 신사임당과의 관계도 좋지 못했으니 율곡에게는 그리 훌륭해 보이지 않았을 것이다.

이와 달리 신사임당은 율곡에게 존경의 대상이자 우상이었다. 문학과 회화에 뛰어났고 유교 경전에 대한 이해도 깊었으며, 바느질이나 자수에도 훌륭한 솜씨를 보였다. 게다가 성품도 따뜻하고 자상했다. 율곡은 어린 시절 이런 어머니 밑에서 교육을 받는데, 7세 무렵부터는《논어論語》,《맹자孟子》,《대학大學》,《중용中庸》과 같은 유교 경전을 배웠다. 이렇게 사랑하고 존경하는 어머니를 16세가 되던 해에 잃자 율곡은 3년간 어머니의 무덤을 지킨다. 그것도 모자라 슬픔을 못 이기고 속세를 떠나 불교에 귀의한다.

약 1년간의 승려 생활을 마치고 강릉 외가로 돌아온 율곡은 불교에 귀의한 일을 반성하고 유학 공부에 매진한다. 이때 다시 과거 시험도 치르고 22세에는 노경린盧慶麟의 딸 곡산谷山 노씨盧氏와 혼례도 올린다. 이후 26세에 부친상을 당한 율곡은 3년상을 치르는 기간 동안 과거 시험에 매진한다. 그리하

율곡 이이의 초상

강릉시 오죽헌

여 3년상을 마친 29세 때(1564, 명종 19) 생원시·진사시 각각
의 초시와 복시, 그리고 문과의 초시, 복시, 전시 등 일곱 번의
시험에서 장원한다. 13세 때 진사 초시와 23세 때 별시 초시
에 합격한 것을 합치면 총 아홉 번 장원한 셈이다. 율곡의 천
재성을 함축하는 말인 '구도장원공九度壯元公', 즉 '아홉 번 장

원한 분'이라는 말은 여기서 생겼다.

29세에 정치에 입문한 율곡은 요직을 거치면서 점점 높은 품계로 올라간다. 〈동호문답〉을 지어 올린 선조 2년(1569, 율곡 34세)에는 정5품 홍문관 교리에 취임한 뒤였다. 젊고 장래가 촉망되는 문신에게 주어지는 연구 휴가인 사가독서를 얻어 〈동호문답〉을 저술하여 선조에게 바친 것이다. 〈동호문답〉을 통해 개혁안을 제시했음에도 선조 임금이 쓰지 못하자 율곡은 실망하고 조정을 떠난다.

사직한 후에 강릉으로 간 율곡은 외할머니의 병을 간호하다가 상을 치른다. 이 기간 파주 율곡에 가서 친구인 성혼成渾과 도학道學에 대해 토론하기도 하고 짧은 기간 동안 청주 목사라는 지방관으로 재직하기도 했다.

이렇게 은거, 출사, 사직을 반복하다가 38세(선조 6)에 홍문관 직제학直提學에 취임하면서 중앙 정치에 복귀한다. 다음 해에 정3품 우부승지右副承旨에 오른 율곡은 〈만언봉사〉라는 1만 2천여 자로 된 상소문을 선조에게 바친다. 40세 이후에도 율곡은 사직과 은거를 거듭하였지만 조정에 돌아올 때는 호조판서, 이조판서, 형조판서, 병조판서와 같은 고위직을 받았다. 이는 선조가 율곡을 깊이 신임했음을 보여준다. 율곡은 젊은 시절에 주로 삼사三司의 벼슬을 지내면서 임금에게 간언하고 개혁안을 제시했는데 대신이 되어서도 개혁에 대한 열정은 이어졌다.

하지만 대신의 지위에 오른 율곡 역시 어느새 젊은 관료들로 이루어진 삼사의 비판을 받기 시작했다. 삼사는 당시 병조판서인 율곡이 군정軍政을 마음대로 행하고 임금을 업신여긴다는 명목으로 그를 탄핵한다. 선조 16년(1583) 율곡은 니탕개의 난 때 말을 사서 바친 병사에게 북방 변경 지방으로 가는 것을 면제해주어 전마戰馬를 확보하였는데, 이것을 미리 임금께 보고하지 않고 처리한 일, 그리고 임금이 변방의 일에 대해 논의하기 위해 불렀는데도 현기증으로 인해 병조에 누워 쉬다가 돌아간 일이 문제가 되었다.

이 두 일로 인해 삼사의 탄핵을 받은 율곡은 곧 병조판서를 사직하고 파주와 석담石潭으로 내려갔다. 그해 말에 율곡의 병은 이미 깊어졌고 다음 해 정월 16일에 49세의 젊은 나이로 세상을 떠났다. 그는 살아생전 많은 개혁안을 냈지만 그의 고견은 제대로 채용되지 못했다. 하지만 그가 남긴 학문과 경세사상은 조선 후기의 학자와 정치인들에게 계승되었다.

〈동호문답〉과 〈만언봉사〉에 관하여

율곡 이이(栗谷 李珥 1536~1584)의 정치 인생을 세 시기로 나
눈다면, 〈동호문답〉은 초기, 〈만언봉사〉는 중기 저작에 해당한
다. 초기는 정치에 막 입문하여 의욕적으로 자신의 정치관을
시험하고 잘못된 정치를 바꾸려고 노력한 시기이다. 중기는
지방관으로 봉직하며 직접 민생을 살피고 중앙 정치의 폐단
을 깨닫게 된 시기이다. 〈동호문답〉과 〈만언봉사〉의 여러 가
지 내용은 각 저술의 전후로 그가 올렸던 상소문에 반복적으
로 나타난 내용들로 이 두 저술에만 드러나는 고유한 것은 아
니다. 그러나 〈동호문답〉과 〈만언봉사〉는 율곡이 정치 인생의
초기와 중기에 어떤 정치적 제안을 했는지 일목요연하게 살
필 수 있는 저술이다.

　〈동호문답〉과 〈만언봉사〉는 시기적으로 5년이라는 거리가
있다. 그러나 두 저술에는 여러 가지 유사한 제언이 들어 있다.

그만큼 중요한 사안이기 때문에 5년이나 지나서 다시 한 번 반복한 것이기도 하고, 올바른 방향과 정책을 제안했음에도 그 의견이 받아들여지지 않았기 때문에 다시 언급한 것이기도 하다. 두 저작은 공통적으로 '성리학에서 말하는 자기수양을 통해 임금의 마음을 바로잡고 제도를 개혁하여 폐습을 고치는 것'에 대해 말한다. 그럼에도 불구하고 시작부터 이 두 저작은 다른 성격의 글이었다.

동호문답 東湖問答

〈동호문답〉은 율곡이 선조 즉위 초에 홍문관弘文館 교리校理[1]로 있을 때 사가독서賜暇讀書라는 유급 연구 휴가를 얻어 그 결과물로 제출한 문답 형태의 글이다. 중국과 조선의 역대 임금과 신하, 그들이 겪은 정치적 성공과 실패의 예를 살펴보고, 당대 정치 제도의 폐단과 개선 방향을 논하는 내용이다.

율곡이 〈동호문답〉을 바친 것은 선조 임금이 명종明宗의 상을 마치고 본격적으로 정치를 시작하려던 때였다. 그렇기에 〈동호문답〉은 〈만언봉사〉에 비해 더 폭넓은 분야와 정치의 기

---

1   궐내의 서적을 관리하고 문한을 처리하며 왕의 자문에 응하는 직으로 국왕에게 유교 경서를 강론하는 경연관도 겸하였다.

독서당계회도讀書堂契會圖

작자 미상, 1570년경, 견본 수묵, 102×57.5cm(보물 867호)

명종 말에서 선조 초에 걸쳐 9명의 문사들이 왕으로부터 휴가를 얻어 독서당에서 공부하였던 것을 기념하여 그린 계회도이다. 하단에 기록된 이름들을 보면 정철鄭澈, 이이李珥, 윤근수尹根壽, 정유일鄭維一 등 모두 당대의 일급 문인들이다.

본에 대해 이야기한다.

율곡은 임금으로부터 사가독서를 받아 동호독서당東湖讀書堂에서 학문에 정진하였다. 사가독서는 유망한 젊은 문신들에게 휴가를 주어 독서에 전념하게 하는 제도로 1426년 세종世宗 임금 때 처음 시행되었다. 제도가 처음 시행되었을 때는 집에서 연구하게 하다가 나중에는 빈 절을 독서당으로 바꾸어 그곳에 기거하면서 연구하게 하였다.

1517년에는 두모포豆毛浦에 동호독서당(줄여서 호당湖堂으로도 불림)을 만들어 많은 인재를 양성했다. 선조 때 정철, 류성룡, 윤근수 등이 비슷한 시기에 율곡과 함께 독서당에서 연구하며 교유하였다. 보통은 약 한 달간의 휴가 동안 경제적 지원을 받으며 동호의 독서당에서 공부하고 결과물로 시문을 지어 냈다. 제출된 시문은 홍문관 대제학이 평가하도록 되어 있었다. 이때 율곡은 특이하게도 시문 대신 〈동호문답〉이라는 장문의 정교한 정치 이론서이자 정책 제안서를 제출했다. 조선왕조실록에서는 선조 임금이 '자세히 살펴보았다'라고 기록되었지만 율곡의 제안은 받아들여지지 못했다.

〈동호문답〉은 문답체 형식으로 쓰였는데, 질문과 대답이 매우 논리적으로 짜여 있어서 읽다 보면 실제로 눈앞에서 두 사람이 논쟁을 벌이는 것 같다. 율곡은 홍문관 교리이자 경연관으로 선조 앞에서 강의하고 면대하는 일이 많았는데, 그때마다 선조 임금을 가르치거나 잘못을 지적하였다. 선조는 그런 지적을 순순히 인정하고 받아들이는 것이 아니라 논지를 흐리거나 이야기를 다른 방향으로 바꾸곤 했다.[2] 〈동호문답〉의 손님과 주인이 나누는 문답은 마치 그런 선조의 성향을 계산한 것처럼 나올 만한 반박을 미리 예상하여 쓰인 것 같다. 그렇게 하여 율곡은 자신이 전달하고자 하는 내용을 더 정교하고 구체적으로 만들어간다.

만언봉사 萬言封事

선조 6년 12월에 흰 무지개가 해를 꿰뚫는 자연 이변 현상이 생기자 당혹해하던 선조는 신하들에게 제언을 구했다. 비정상적인 자연 현상 즉, 재이災異는 정치인들이 정치를 잘못했을 때 하늘이 보내는 경고로 여겨졌다. 율곡은 재이를 통해 하늘의 경고를 받았으니 정치적 쇄신을 꾀해야 한다는 내용의 상소문을 올렸다. '봉사封事'라는 말은 다른 사람이 볼 수 없게 봉하여 올린 상소문을 일컫는다. 율곡의 상소가 1만 자가량이

---

2   그 일례로 다음과 같은 일이 있었다. 율곡이 선조에게 지금의 조선은 권세를 쥔 간신도 없고 전쟁도 없으니 왕도정치를 하기 좋은 시기라고 말했다. 선조는 맹자가 전국시대에 제齊나라, 양梁나라 왕에게 왕도정치를 권한 사실을 예로 들면서 전쟁이 있다 하더라도 왕도정치를 할 수 있다고 응대하였다.

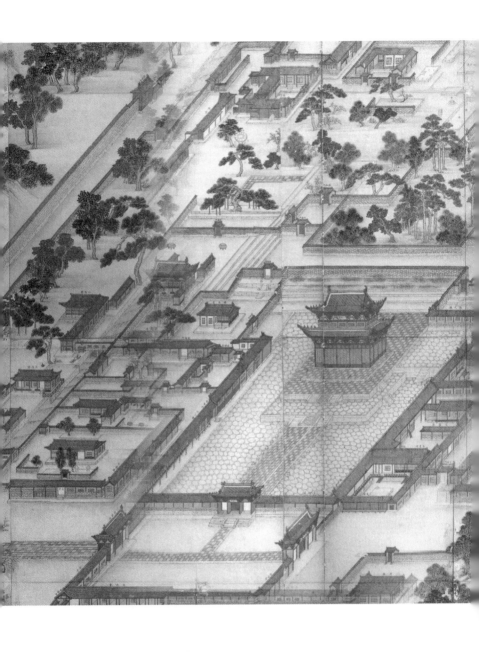

율곡의 상소

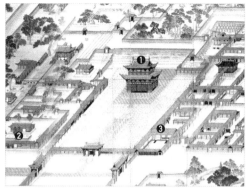

동궐도東闕圖

19세기 초, 견본 채색, 273×576cm(부분),
고려대학교 박물관(국보 제249호)

❶ 인정전(창덕궁의 정전) ❷ 옥당(홍문관)
❸ 은대(승정원)

인정전은 창덕궁의 정전正殿으로 왕위 즉위식 등 국가 행사
가 거행되던 가장 권위 있는 전각이다. 〈동호문답〉을 지을
당시 율곡은 옥당 소속의 관료였고, 5년 후 〈만언봉사〉를 지
을 때는 승정원 소속의 관료였다.

어서 〈만언봉사〉라고 하는데, 사실은 1만 2천 자에 이른다.

당시의 제도가 낳은 폐단을 고칠 방책을 올리라는 명령에 따라 저술되었기 때문에 〈만언봉사〉는 〈동호문답〉보다 더 시의성 있고 실무에 가까운 내용이다. 특히, 율곡이 지방관을 역임하면서 지방의 실무를 접하고 민생을 가까이에서 관찰하고 난 후에 중앙 정부로 복귀하여 저술한 것이기 때문에 〈동호문답〉에 비하여 제도의 폐단이 더 상세하게 제시되고 대안도 더 구체적으로 전개된다. 또 한 가지 〈동호문답〉과 다른 점은 '교화'에 관한 항목이 없다는 점이다. 율곡은 당시 교화보다 민생을 구제하는 일이 더 시급하다고 생각했다. 여러 가지 잘못된 제도들과 정치적 부패로 인하여 백성들의 경제가 파탄 나고 그것이 다시 국가 경제에 큰 타격을 주는 악순환이 계속되고 있었다. 그래서 〈만언봉사〉에서도 향약의 시행 이전에 먼저 잘못된 관행을 바로잡아야 한다고 주장한다. 현재의 관행으로 향약을 시행해보았자 교화의 효과가 없다는 것이 그의 생각이었다.

〈동호문답〉과 〈만언봉사〉의 정치적 배경

율곡이 〈동호문답〉을 쓴 선조(宣祖 재위 1567~1608) 즉위 초의 시기는 사림士林들이 드디어 성리학性理學에 입각한 정치,

즉 도학道學 정치를 이 땅에 실현시킬 수 있는 시기라고 보았다. 조선 초에 있었던 네 번의 사화(무오사화, 갑자사화, 기묘사화, 을사사화)를 통해 사림들도 처형, 유배당하는 등의 화를 입었지만 왕실의 인척이면서 신하인 척신들과 간신들 역시 제거되었기 때문이었다.

율곡은 사화를 통해, 그리고 역사를 뒤돌아보며 큰 교훈을 얻었다. 특히 중종(中宗 재위 1506~1544) 대 조광조의 개혁과 그 실패를 거울삼아 율곡은 급진적 개혁이 아닌 점진적 개혁을 추구하였다. 하지만 그러한 개혁에는 장애물이 있었다. 그것은 개혁을 꺼리는 대신(大臣 삼정승과 육조의 판서)급의 신하들이었다. 율곡은 이러한 무리들을 동지로 분류되는 사류士類와 대립 지점에 있는 세력으로 간주하며 '유속流俗'이라고 불렀다. 유속은 사류의 적이자 도학과 개혁을 싫어하는 자들이었다.

율곡은 선조 임금 역시 그러한 유속의 견해에 동조하고 있다고 생각했다. 〈동호문답〉에서는 유속의 견해를 반박하며 개혁의 필요성을 강조한다. 유속이 개혁을 거부하는 논리는 분명했다. 선대 임금 때의 제도나 법, 이른바 조종지법祖宗之法을 고칠 수는 없다는 것이다. 이것은 당시 조정에서는 금기시되는 일이었다. 결국 율곡이 제안한 갖가지 개혁안은 채택되지 못했다.

〈만언봉사〉는 당시 흰 무지개가 해를 뚫고 지나는 현상인 재이가 일어나자 선조가 제언을 구하는 교서를 내린 데 대해 율곡이 올린 상소이다. 선조의 구언 교서가 직접적인 원인이 지만 이미 정치가 잘못되고 있음을 통감하던 율곡은 그 이전에도 〈만언봉사〉와 유사한 제언을 꾸준히 해왔다. 선조 대에는 이미 척신과 간신이 조정에 없고 사림들이 정치를 하기 시작했지만 정치 현실은 크게 개선되지 못했다. 민생은 궁핍했으며 나라 안에 온갖 비리와 부패가 만연했다.

이런 정치 현실을 목도한 율곡은 나라의 여러 제도가 가진 폐단을 제거하고 개혁하여서 도탄에 빠진 민생을 구제해야 한다고 생각했다. 향약과 같은 교화 정책은 나중 일이었다. 제도 개혁은 왕과 신하들이 사욕을 버리고 공공성을 회복하는 데서 시작하는 것이었다. 자신의 사욕을 극복하고 공공성을 되찾는 것이 바로 율곡이 말하는 수신修身, 즉 자기수양이었다. 제도를 개혁하여 민생 경제를 일으키는 일은 정치인들이 공공을 위하여 헌신할 때에 비로소 가능한 일이었다.

오늘날에 읽는 〈동호문답〉과 〈만언봉사〉

〈동호문답〉과 〈만언봉사〉는 율곡의 정치 개혁론이 요약적으로 담겨 있는 귀중한 우리의 고전이다. 여전히 많은 사람들은 조선의 위대한 사상가로서 율곡 이이를 알 뿐, 정치인이자 개혁가로서의 율곡은 잘 모른다. 율곡을 단지 조선 성리학의 거물로만 기억한다면 우리는 그가 정치가로서 남긴 지적 유산을 포기하는 셈이다. 조선 후기의 경세 사상가들은 율곡의 정책 제안과 이론을 자신들의 사상적 자원으로 활용했다. 오늘날의 독자들도 마찬가지로 정치가 율곡이 남긴 저술을 여러 방향으로 활용하고 그의 말에서 교훈을 얻을 수 있다.

이 두 저술은 16세기 조선의 정치와 사회를 이해하기에 좋은 글이기도 하다. 율곡은 시대가 당면한 가장 중요한 사안이 무엇인지를 생각하고 어떤 개혁이 필요한지를 고민했다. 만일 독자가 정치에 직간접적으로 종사하거나 현실 정치에 관심이 있는 사람이라면 〈동호문답〉과 〈만언봉사〉를 통해 많은 영감을 얻을 수 있을 것이다. 현실 정치에 관심이 없는 사람이라도 자신이 속한 집단이나 공동체의 운명에 대해 고민하는 사람이라면 이 두 저술을 통해 많은 교훈을 얻을 수 있다.

율곡은 자신이 속한 공동체인 조선의 운명에 대해 고민했다. 어떻게 하면 무너지기 일보 직전인 집, 조선을 보수할 수 있을지를 생각했다. 무엇이 문제인가, 어떻게 바꿀 것인가, 누가 바꿀 것인가, 언제 바꿀 것인가 등에 대해서 누구보다도 높은 식견을 가지고 군주를 꾸준히 설득했다. 가까운 문인들과 이야기할 때 그는 경제적 이유로 관직에 나간다고 했지만, 일단 공직에 임하면 목숨을 걸고 임금에게 직언할 정도로 사명감을 가지고 일했다. 그는 자신이 고안한 제도 개혁안에 확신을 가지고 임금을 설득하여 세상을 바꾸고자 했다. 그만큼 자신이 속한 공동체에 애정을 가지고 있었던 것이다. 이 두 저술을 통해 정치가로서의 율곡, 16세기의 조선, 그리고 내가 속한 공동체에 대해 생각하는 기회가 되었으면 한다.

오늘날의 정치 상황과 비교해볼 문제들

다음은 〈동호문답〉과 〈만언봉사〉에서 오늘날의 정치 상황과 비교해볼 문제들을 발췌하여 정리한 것이다.

정치 개혁에 시기를 탓하지 마라

나라가 잘 다스려지거나 그렇지 않음은 사람에게 달려 있지 때에 달려 있는 것은 아닙니다. '때'라는 것은 높은 자리에 있는 사람이 어떻게 하느냐에 달려 있습니다. 만약 우리 성상(聖上 임금을 높이는 말)께서 의욕적으로 나서서 옛 도道를 다시 실현하고자 하신다면, 사람들의 마음을 잘못된 데에 빠진 상태에서 구원할 수 있고 선비들의 사기가 꺾인 것을 다시 일으켜 세울 수 있습니다. 어찌 때가 아니라고 말할 수 있겠습니까?!

정치가들이 자신들의 무사안일만 좇고
진취적으로 나라를 개선하려 노력하지 않는 것

백성을 모질게 괴롭힌 가혹한 제도들이 개혁되지 못했고, 눈앞에 무사평안만을 찾고 일하기를 싫증 내며 나랏일에 대해서 건의나 제안이 없는 것이 마치 '조참曺參이 소하蕭何가 만들어놓은 제도를 답습한 것'과 같습니다. 이것은 온 나라를 잊어버리고 방치하는 것입니다.

정치인들이 몸을 사리며 눈치만 보고
자신의 견해를 개진하려 하지 않는 풍조

오직 애매한 태도로 일관하며 부귀나 탐하는 사람들이 좋은 음식과 안락한 생활을 누리고 봉록과 작위를 누릴 수 있었습니다. 조정의 대소 신료들은 나라를 걱정하고 임금을 사랑하는 마음이 없는 것은 아니지만 벌벌 떨며 기묘사화와 을사사화를 다시 겪게 되지는 않을까 염려하여 감히 자신의 견해를 내서 올바른 기풍을 북돋지 못했습니다. 그들은 단지 여우처럼 의심하고 쥐처럼 눈치만을 보면서 유속을 도울 뿐입니다.

인재를 등용하고 쓰는 방법:
신중하게 뽑고, 뽑은 후에는 전폭적으로 신뢰한다

인재를 다방면으로 구하고 꼼꼼하게 살펴서 분명하게 시험해

보고 환하게 관찰해야 합니다. 그 사람의 현명함이 과연 틀림이 없으면 그를 믿고 일을 맡기되 의심치 말아야 합니다. 밖으로는 군신 간의 의리(義理 마땅히 지켜야 할 도리)를 따르고 안으로는 부자간의 정으로 결속해야 합니다. 그로 하여금 재능을 맘껏 펼치게 하여 정성과 재능을 다 쓰도록 하면 해코지하는 말이 나오지 않고 온갖 정무가 제대로 다스려지니 나라가 복을 받고 백성도 자신들에게 맞는 행동을 하게 될 것입니다. 그렇게 해서 용현用賢의 실질을 모조리 얻어야 합니다.

관료 집단의 무능력과 부패 문제

오늘날 소임을 맡은 자가 적임자가 아니라고 해서 바꾸고자 하여도 한 시절의 인물들이 모두 이런 수준에 불과하여 현명한 인재를 갑자기 마련하기가 어렵습니다. 형법이 엄하지 않다고 여겨서 형벌의 수위를 높이려고 하여도 법이 엄해지면 간사한 수법이 더 많아지고, 또 엄한 형법은 폐단을 해결할 좋은 방책도 아닙니다. 어찌할 방법이 없다고 여기고 방치하면 온갖 종류의 폐단이 날로 늘어나고 여러 가지 일들이 날로 잘못되어버리며 민생이 날로 곤궁해져서 혼란과 패망이 반드시 뒤따를 것입니다.

최소한의 생계가 해결된 다음에 도덕적인 시민, 윤리적인 사회를 만들 수 있다

백성의 경우는 굶주림과 추위를 면하는 일이 절박하여 '본래의 마음[本心]'을 완전히 잃고 부모형제 간에도 서로 길에서 만난 낯선 사람처럼 대하니 다른 것은 더 무엇을 말하겠습니까? 윤리가 세상에 질서를 유지하게 할 수 없고 형벌이 사람들의 악행을 단속할 수 없는 지금 세상에서 여전히 오늘날 하던 방식을 따르고 고치지 않으면, 성왕과 현신이 윗자리에서 정치를 하더라도 교화를 펼 여지가 없습니다.

좋은 정치란 부모가 자식을 돌보듯이 하는 정치다

보민保民하고자 한다면 백성의 부모라는 것을 마음에 새기고 백성을 갓난아기처럼 봐야 합니다. 갓난아기가 기어가 우물에 빠지려고 하면 비록 원수지간이라도 그 집안을 멸족하려 하지 않는 한 놀라서 그 아기를 구하려고 할 것입니다. 더군다나 그 아기의 부모 마음이야 어떻겠습니까? 오늘날 갓난아기가 우물에 빠진 지가 오래되었습니다. 그런데도 여러 해가 지나도록 백성을 다친 사람처럼 여기며 세심하게 돌보는 정치가 없었습니다. 이것은 다른 이유 때문이 아닙니다. 바로 주상께서 백성의 부모 된 마음이 여전히 부족하기 때문입니다.

통치 지도자의 엄정함은 공정함에서 나온다

임금께서는 엄한지 아닌지를 걱정하지 마시고 공정한지 아닌
지를 걱정하십시오. 공정하면 사리가 분명하게 이해되고, 사리
가 분명하게 이해되면 엄함이 그 속에 있습니다.

과거사를 청산하는 것이 좋은 정치의 시작이다

아아! 국시(國是 나라의 근본 방침이나 이념)가 불안하면 사람
들의 마음이 쉽게 흔들리고, 명분을 바로잡는 데에 미진한 바
가 있으면 좋은 통치를 이룩하기가 어렵습니다. 만약 간사한
도적들의 주머니를 깨끗하게 정리하여 나라의 원기를 지켜내
지 않으면 군자는 기댈 곳이 없어서 충성을 다 바칠 수 없고,
소인들은 틈을 엿보아서 악행을 계속하려 할 것입니다. 이렇
게 되면 나라가 제대로 된 나라인지 알 수 없게 됩니다.

교사의 처우 개선과 교사직에 대한 인식 개선이 먼저 이루어져야
양질의 교육이 가능하다

오늘날은 훈도(訓導 한양 4학과 향교에서 가르치던 교관으로 말
단직)를 매우 천한 직업으로 여겨서 빈곤하고 자산이 없는 자
들을 구해 그 직을 주어 굶주림과 추위를 면하게 하고 있습니
다. 훈도가 된 사람들은 학생에게서 수탈하여 자신을 살찌울
줄만 알 뿐이니 누가 가르침이 어떤 것인지 알겠습니까? 이

렇게 하면서 인재를 양성하기를 바란다면 연목구어와 무엇이
다르겠습니까?

통치 지도자는 가까이서 모시는 측근은 경계하고
올곧은 관료를 가까이 해야 한다

임금이 배움의 길로 나아가기 위해서는 '올바른 선비[正士]'를
가까이 하고 친밀하게 지내는 것이 가장 좋은 방법입니다. 보
는 것이 모두 올바른 일이고 듣는 것이 모두 올바른 말이라면
임금이 비록 올바르지 않은 일을 하고자 하여도 할 수 있겠습
니까? 만약 올바른 사람과 친밀히 지내지 않고 환관이나 궁녀
들을 가까이 한다면 보는 것이 올바른 일이 아니고 듣는 것이
올바른 말이 아니게 됩니다. 그렇게 되면 임금이 비록 바른 일
을 하고자 하여도 할 수 있겠습니까?

간신을 경계해야 한다

간사함과 올바름은 분별하기가 어렵고 옳고 그름도 판별하기
가 어려워서 관행에 따라서 해나가자니 쇠퇴하거나 더 도태
될까 걱정이고, 개혁하자니 시끄러운 소동과 혼란함이 꺼려
집니다. 임금의 마음은 파도처럼 요동치고 갈피를 못 잡고 고
민하고 있는 그때, 꼭 엄청난 간신이 숨어서 틈을 엿보아 임금
의 비위를 맞춰가며 따르다가 본래의 교묘함을 서서히 드러

냅니다. 간신은 임금의 마음에 점차 스며들고, 잘 접대하여 임금을 기쁘게 하고, 위험하고 두려운 말을 하여 미혹케 합니다. 임금의 마음이 점차 간신을 신뢰하여 간신이 늘어놓는 술책에 빠진다면 어질고 선한 인재들은 모조리 섬멸되고 나라는 반드시 망하게 됩니다.

공직을 사고파는 행위를 근절해야 한다

법제가 점차로 느슨해지자 탐욕과 포학성이 더욱 성행하습니다. 게다가 관리의 등용이 공정하지 않아 채수(債帥 뇌물을 주고 관직을 사서 장군이 된 사람)가 빈번히 생겨나고 공공연하게 '어느 진鎭의 장수 자리는 그 값이 얼마이고, 어느 보堡의 관직 자리는 그 값이 얼마이다'라는 말이 돌았습니다. 그런 무리들은 병사들에게서 재물을 착취하여 자신만 출세할 줄 알 뿐이지 다른 무엇에 신경을 쓰겠습니까?

정치는 마음으로 하는 것인가 제도로 하는 것인가?

그렇더라도 '한갓 선한 마음[徒善]'만 있고 제도가 없으면 그 마음을 정치로 옮길 수 없고, '한갓 제도[徒法]'만 갖추고 선한 마음을 가지지 못하면 그 제도가 잘 시행되게 할 수 없습니다. 전하께서는 백성을 아끼시는 마음이 참으로 이와 같지만, 백성을 아끼시는 정치는 그만큼 제대로 하지 못하고 계십니다.

여러 신하들이 제안한 정책들은 단지 말단의 일을 해결할 뿐이며 그 근본을 헤아리지 못했기 때문에 들을 때는 훌륭한 듯하지만 실제로 시행해보면 효과가 없습니다.

정치인들은 언제나 비방을 받았다,
옳은 일이라면 소신을 가지고 비방에 흔들려서는 안 된다

예부터 정치를 잘한 사람 중에 처음 정치를 시작할 때 비방을 받지 않은 사람이 없었습니다. 자산子産이 정鄭나라 재상이 되고 1년 동안 비방이 일어 많은 사람들이 그를 죽이고 싶다는 말을 외고 다녔습니다. 그러나 3년이 지나자 비방이 그쳤고 많은 사람들이 그가 죽을까 걱정했습니다. 공자께서 노魯나라 재상이 되셔서 정치를 시작할 때에 백성이 '버려도 죄가 없다 [投之無戾]'라고 비방하는 노래를 불렀지만 교화가 이루어지자 '나에게 은혜를 베푸시되 사사로움이 없으시다[惠我無私]'라고 칭송하는 노래가 유행했습니다. 오직 옛 도道를 굳건히 지키고 변함없이 힘써 행하며 좌절하지도 말고 화내지도 말아야 합니다. 그렇게 한 후에야 백성의 마음이 흔들리지 않을 수 있습니다.

〈동호문답〉에 관하여

〈동호문답〉은 선조 즉위 초에 율곡이 바친 문답체의 정치 이론서 내지는 정책서이다. 당시 홍문관 교리였던 율곡은 사가독서라는 연구 휴가를 얻어 동호독서당에서 한 달간 연구한 후에 그 과제로 〈동호문답〉을 저술하여 선조에게 바쳤다. 이 책은 손님이 묻고 주인이 대답하는 형식으로 되어 있는데 손님은 의구심이 많고 자신감이 없으며 개혁을 꺼리는 보수적인 태도를 가진 가상의 인물이다. 주인은 이러한 손님을 상대로 자신의 견해를 피력하고, 손님은 주인의 주장에 반론이나 난점을 제기한다. 주인은 반론을 논파하면서 자기 주장을 세세하게 설명한다. 문답이라는 방식을 채용하여 율곡은 성리학적 정치사상을 군주에게 알기 쉽게 전달하였다. 당시 선조의 나이는 18세, 율곡은 34세였다.

동호문답

東湖問答

—
01

군주에 대하여
[군주의 유형]

동호[1]의 손님이 주인에게 물었다.

"고금을 통틀어 나라가 다스려지거나 어지러워지는 것이 없지 않은데 어떻게 하면 다스려지고 어떻게 하면 어지러워집니까?"

주인이 말하였다.

"다스려지는 경우가 두 가지이고, 어지러워지는 경우가 두 가지입니다."

---

1   동호東湖란 조선의 유망한 젊은 문신들이 왕으로부터 사가독서를 받아서 책을 읽으며 학문에 정진하던 곳이다. 지금의 옥수동 부근에 동호독서당이 있었다.

손님이 말하였다.

"무슨 말입니까?"

주인이 말하였다.

"임금이 재능과 지혜가 뛰어나서 호걸을 부린다면 다스려지고, 재능이 비록 부족해도 어질고 유능한 인재[賢者]를 등용할수 있으면 다스려집니다. 이것이 다스려지는 두 가지 경우입니다.

임금이 자신의 총명함을 믿고 여러 신하들을 믿지 않으면어지러워지고, 간사하고 아첨하는 자를 편애하고 믿어 이들이 임금의 눈과 귀를 막으면 어지러워집니다. 이것이 어지러워지는 두 가지 경우입니다.

다스려지는 경우가 두 가지인데 다스려지게 만드는 방도에도 두 가지가 있습니다. 몸소 인의仁義의 도道를 행하여서 '차마 다른 사람을 해치지 못하는 인한 마음을 가지고 하는 정치[不忍人之政]'[2]를 베풀고, 천리의 바른 준칙을 극진히 행하면

---

2   '불인인지정不忍人之政'은《맹자》에 나오는 말로 다른 사람을 차마 해치지 못하는 마음을 가지고 하는 정치라는 뜻이다. 이는 곧 인仁한 정치를 의미한다. 맹자는 사람이면 누구나 '다른 사람을 차마 해치지 못하는 마음[不忍人之心]'을 가지고 있으며, 이런 측은한 마음을 가지고 백성을 돌보고 양육하는 자가참된 정치 지도자라고 보았다.

곧 왕도王道입니다. 인의仁義의 이름만을 빌려 권모술수의 정치를 행하고 공리(功利 공적과 이익)와 같은 사욕만 충족시키면 이는 곧 패도覇道입니다.

어지러워지는 경우가 두 가지인데 어지럽게 만드는 경우는 세 가지가 있습니다. 많은 욕심이 마음을 흔들고 많은 감각들이 밖에서 마음으로 들이닥쳐서, 백성의 힘을 모조리 이용하여 자신을 봉양하는 데에 사용하고, 충언을 물리치고 성인임을 자임하여 멸망을 자초하는 자는 폭군暴君입니다.

치세를 추구하는 의지는 있으나 간사한 자를 변별해내는 명철함이 없고, 믿는 자들이 현자가 아니며, 등용한 자들이 재능 있는 자들이 아니어서 점차 위태로움에 빠지는 자는 혼군昏君입니다.

나약하며 뜻이 굳건히 서지 않았고, 한가하게 지내면서 정치를 진흥시키지 못하며, 낡은 인습만을 따르고 눈앞의 편안만을 추구하니 날로 쇠약해지는 자는 용군庸君입니다."

손님이 말하였다.

"선생님의 말이 옳습니다. 옛사람들 중에 그런 경우가 있습니까?"

율곡의 상소

주인이 말하였다.

"예전에 삼왕오제三王五帝[3]는 총명하고 지혜로운 자질을 가지고 천명을 받아 군사(君師 임금이자 스승)가 되었습니다. 나라를 잘 다스려서 전쟁과 분쟁을 종식시키고, 백성을 잘 길러서 그들을 풍요롭고 번성하게 하고, 잘 가르쳐서 많은 사람들로 하여금 도덕을 행하도록 했습니다. 일곱 별자리(해, 달, 금성, 목성, 수성, 화성, 토성)가 질서정연하게 궤도를 따르고, 다섯 가지 징조가 때에 맞게 나타나고, 하늘과 땅이 제자리에 있고 사람이 그 가운데에 섰습니다.[4] 이런 경우를 두고 '임금이 재능과 지혜가 뛰어나면서 왕도王道를 행한다'고 하는 것입니다.

상나라의 태갑太甲과 주周나라 성왕成王은 자질이 삼왕에 미치지 못했습니다. 만약 위대한 신하들이 충심으로 보좌하지 않았다면 법과 제도가 망가지는 것을 누가 막을 수 있었겠습니까? 중상모략하는 사람들이 끝내 난을 일으켰을 것입니

---

3 삼왕三王은 중국 상고시대 하夏나라의 우왕禹王, 상商나라의 탕왕湯王, 주周나라의 문왕文王(문왕과 그의 아들 무왕을 함께 아울러 문무文武라고 하여 무왕까지 포함하기도 한다)이다. 오제五帝는 삼왕 이전의 왕들인데 누구인지에 대해서는 서로 다른 설이 있다. 《사기》에서는 황제黃帝, 전욱顓頊, 제곡帝嚳, 요堯, 순舜이라고 보고, 《서경書經》에서는 소호少昊, 전욱, 고신高辛, 요, 순이라고 본다.

4 천체에 대한 언급이 고대의 성왕들에 대한 묘사에 자주 등장하는데 이는 고대 왕들의 역할이 달력을 반포하고 농업을 관장하는 일이었기 때문이다. 천체의 순행과 인간이 그 속에서 조화롭게 생활하는 것이 좋은 정치의 전형이었다.

다. 하지만 태갑은 이윤伊尹을, 성왕은 주공周公을 등용할 수 있었고, 도덕을 진흥시키고 업적을 내어서 위대한 왕업을 계승할 수 있었습니다. 이런 경우를 두고 '어질고 유능한 사람을 등용할 수 있으면서 왕도를 행한다'고 하는 것입니다.

진晉나라 문공文公은 한 번의 전쟁으로 패업을 이루었고,[5] 진晉나라 도공悼公은 세 번 전쟁에 나서서 초楚나라를 정복했습니다. 한漢나라 고조高祖 유방은 5년 만에 제국을 건설하는 업적을 이루어내었고, 한나라 문제(文帝 전한의 5대 황제, 유방의 넷째아들)는 현묵(玄默 말하지 않고 묵묵히 도를 생각하며 정치 지도자의 덕으로 하는 통치)으로 형조(刑錯 형법을 버리고 쓸 필요가 없음)를 이루었습니다. 당唐나라 태종太宗[6]은 큰 업적을 이루어서 천하를 태평하게 만들었고, 송宋나라 태조(太祖 이름은 조광윤趙匡胤 927~976)는 혼란했던 다섯 왕조(후량後梁, 후당後唐, 후진後晉, 후한後漢, 후주後周)의 뒤를 이어 왕이 되었지만 혼란을 평정했습니다.

이상의 여러 군주들은 난을 평정할 재능이 충분했고, 마땅한

---

5 〈깊이 읽기 01〉 참조.

6 이름은 이세민李世民. 당나라의 2대 황제로 재위 연도는 626~649년이다. 훌륭한 통치를 해서 많은 업적을 이루었다. 그가 이룬 치세를 그의 연호를 따 정관지치貞觀之治라 한다. 중국 역사상 손에 꼽히는 위대한 황제이고 요순시대에 버금가는 성세를 이룩했지만 율곡과 같은 성리학자들에게는 다소 낮은 평가를 받았다.

율곡의 상소

사람을 등용할 지혜가 충분했습니다. 다만 아쉬운 것은 몸소 행하고 마음으로 깨달아 선왕의 도道를 자신들의 시대에 실현할 수는 없었다는 점입니다. 그래서 그들이 백성을 풍요롭고 번성하게 했다는 이야기는 들었지만 백성을 교화하였다는 이야기는 듣지 못했습니다. 이런 경우를 두고 '임금이 재능과 지혜가 뛰어나면서 패도霸道를 행한다'고 하는 것입니다.

제齊나라 환공桓公은 음악과 미녀들이 귓가와 눈을 떠나지 않을 정도로 즐겼고, 한나라 소열昭烈 유비(劉備 촉한의 초대 황제 161~223)는 전쟁을 하느라 늘 말안장 위에 앉아 있어서 허벅지 살이 여위었습니다. 만일 현명하고 지혜로운 선비들이 이 군주들을 보좌하지 않았다면, 환공은 현명한 군주가 될 수 없었을 것이고 소열은 작은 땅덩어리도 가지기 어려웠을 것입니다. 그러나 환공은 관중管仲을 쓸 수 있었고, 소열은 제갈량諸葛亮을 쓸 수 있어서, 환공은 제후들을 규합하여 천하를 바로잡는 공을 세웠고, 소열은 한중漢中과 서천西川을 점령하여 한 고조 유방劉邦의 왕조를 지속시켰습니다. 다만 아쉬운 것은 관중은 성현聖賢의 도道를 몰랐고, 제갈량은 신불해申不害와 한비자韓非子와 같은 법가의 습속밖에 몰랐으니 업적이 거기까지였을 뿐입니다. 이런 경우를 두고 '어질고 유능한 사람을 등용할 수 있으면서 패도를 행한다'고 하는 것입니다."

손님이 말하였다.

"혼란을 야기하는 군주에 대해서도 들을 수 있을까요?"

주인이 말하였다.

"하夏나라의 걸왕桀王, 상나라의 주왕紂王, 주나라의 여왕厲王, 수隋나라의 양제煬帝 같은 임금들입니다. 이들은 재능이 부족한 것이 아니라 재능을 좋지 않은 데에 썼고, 지혜가 없는 것이 아니라 지혜를 간언을 막는 데에 썼습니다. 독부(獨夫 포악한 정치로 민심이 돌아선 군주)의 위세를 있는 힘껏 부리느라 세상 사람들의 힘을 모두 소진하니 하늘이 노하고 백성이 원망하여 마침내 시해되고 말았습니다. 이것이 폭군이 자신의 총명함만을 믿은 예입니다.

진秦나라의 이세二世황제는 환관 조고趙高의 간사한 꾀를 믿어서 결국 6국(한漢나라, 조趙나라, 위魏나라, 초楚나라, 연燕나라, 제齊나라)의 군사들이 반란을 일으키는 계기를 만들었고,[7]

---

7 진秦 이세황제는 진 32대 왕이자 제2대 황제로 진 시황제의 18남이며 이름은 영호해嬴胡亥(기원전 229~207)이다. 시황제 서거 후 유서에 장자인 부소扶蘇에게 황위를 잇게 한다는 내용이 적혀 있었으나 이사, 조고와 함께 이를 조작하여 자신이 왕위에 올랐다. 이후 조고에게 섭정을 맡기고 자신은 방탕한 생활을 하다가 끝내 조고의 강압에 못 이겨 자결한다. 이세황제가 죽기 2년 전인 기원전 209년에 농민 출신인 진승陳勝과 오광吳廣이 반란을 일으켰고, 이를 틈타 지방의 무신들이 6국의 귀족들과 결탁하여 제각기 왕이 되어 반란

한漢나라 환제桓帝는 환관의 참소를 믿고서 어질고 유능한 자들을 금고형에 처하였습니다.[8] 이 두 군주는 어질고 유능한 자들을 등용하는 것과 간사한 자들을 제거하려는 노력을 하지 않은 것이 아니라 총명함과 지혜가 부족하며 탐욕스럽고 잔혹하기 그지없었습니다. 간악한 신하들이 술수를 부리도록 내버려두기까지 했습니다. 이것이 폭군暴君이 간사하고 아첨하는 자들을 믿고 편애한 예입니다.

당나라 덕종德宗은 시기하고 의심하며 꺼리는 것이 많아서 인仁한 사람과 어질고 유능한 사람을 임용하지 않았고, 자신이 권력을 틀어쥐기 위해 힘썼습니다. 총명함에는 한계가 있다는 것을 깨닫지 못하고, 위급할 때는 신하들의 충언을 적극적으로 받아들이다가 평소에는 올곧은 선비들을 돌려보내거나 소원하게 대하였습니다. 그래서 소인들이 그 틈을 타서 임금이 바라는 것에 따라 아부했습니다. 이것이 혼군昏君이 자신이 총명함만을 믿은 예입니다.

송나라 신종神宗은 대업을 이룰 뜻을 크게 품고서 삼대(하·은·주)의 태평성대를 다시 실현하려고 하였습니다. 왕안석王

을 일으켰다.

8 당시 환관 독재 세력에 대항하던 사대부들의 관직을 빼앗고 벼슬 진입을 막았던 '당고의 화'를 말한다.

安石을 전폭적으로 신뢰하여 그의 말이라면 믿고, 그의 정책을 시행하여 재물과 이익을 인의仁義로 삼고, 법률을 시서詩書로 삼았습니다.[9] 그러는 사이 여러 간악한 자들이 득세하고 현명한 자들이 자취를 감추어 그 해악이 백성들에게 미쳐서 전쟁이 일어나는 계기가 되었습니다. 이것이 혼군이 간사하고 아첨하는 자들을 믿고 편애한 예입니다.

주나라의 난왕赧王, 한나라의 원제元帝, 당나라의 희종僖宗, 송나라의 영종寧宗 등은 무기력하고 나태해서 구차하게 세월만 보냈습니다. 잘못된 정치를 개혁하지 못하고 어떠한 좋은 정책도 시행하지 못하며 팔짱을 긴 채로 입을 다물고는 앉아서 망하기만을 기다렸습니다. 이들은 모두 평범하고 무능한 용군입니다."

손님이 말하였다.

"당나라 덕종과, 송나라 신종은 모두 강단이 있고 자립한 군주들인데 선생께서는 어찌 이들을 혼군이라고 보십니까?"

---

9   이 말은 재물과 이익이라는 가치를 인의보다 중시하고, 《시경詩經》과 《서경》
     에 담긴 성인의 가르침으로 정치를 하는 것이 아니라 법률로 정치를 하는 것
     을 말하는 것이다. 이것은 가치가 전도되었다는 뜻으로, 곧 왕안석을 비판하
     는 것이다.

주인이 말하였다.

"군주의 명철함은 바른 견해를 가졌느냐 아니냐에 달린 것이지 총명한지 아닌지의 문제가 아닙니다. 그 두 군주는 사리에 어둡거나 나약하지는 않았지만 옳고 그름에 어둡고 인사 등용이 잘못되었습니다. 어찌 혼군이 아니라고 하겠습니까?"

진 문공, 한 번의 전투로
패업을 이루다

기원전 632년, 춘추시대 진晉나라 문공文公은 연합군을 이끌고
초나라의 성득신成得臣이 이끄는 연합군을 대파하였는데, 이를
성복전투城濮戰鬪라고 한다. 이 한 번의 전투로 문공은 당시 제후
국들 간의 힘의 균형을 깨고 패권을 장악하게 되었다.

　당시 초나라는 중원을 압박하고 송나라를 공격했다. 홍수泓
水에서 초나라와 전투를 벌여 대패한 송나라는 초나라의 지배
를 받지만 곧 반기를 들고 진나라와 동맹을 맺었다. 진나라는
송의 요구에 응하여 전쟁에 나섰고, 진晉·진秦·제齊·송宋 연합
군은 초楚·진陳·채蔡·신申·식息 연합군과 진晉나라 변경인 성
복城濮에서 싸워 대승을 거두었다. 당시 주나라 왕실이 존속
했지만 미약한 상태였고 제후국들은 힘을 길러 서로 전쟁을
벌여 패권을 차지하고자 하였다. 진나라 문공은 성복전투에
서 대승한 이후에 천토踐土에 제후들을 불러 모아 협약을 맺
고 지킬 것을 맹세하는 회맹(천토회맹)을 열었다. 이 회맹에
진 문공은 반란으로 인해 정鄭나라로 도피했던 주 양왕襄王을
모셔 왔고, 그 자리에서 양왕은 진 문공을 제후들을 이끄는 패
주로 임명하였다.

02

신하에 대하여

[신하의 유형]

손님이 말하였다.

"선비[士]10로 이 세상에 태어난 사람치고 경세제민(經世濟民 정치에 참여하고 백성의 곤궁한 삶을 구제함)의 포부를 품지 않은 사람이 없습니다. 그러면 마음가짐과 행적이 모두 같아야 하지 않습니까? 그런데 혹자는 벼슬길에 나아가 겸선(兼善 모든 사람을 선하게 함)하려 하고, 혹자는 물러나 자수自守11하려 하니 어째서 다른 것입니까?"

---

10 '사士'는 '선비'로 번역하였다. '사'란 벼슬의 유무와 상관없이 도학에 종사하는 사람을 지칭한다.

11 자수自守란 '행동이나 말을 스스로 조심하여 지킨다'는 뜻이지만, 벼슬길에 나아가는 것과 반대되는 말로 쓰일 때는 의미가 조금 다르다. 선비가 벼슬길에서 물러나 몸과 마음을 잘 지킨다는 말은 곧 자기수양에 매진한다는 의미이다.

주인이 말하였다.

"선비의 본래 포부는 겸선하려 하는 것이니 물러나 자수하는 것이 어찌 본심이겠습니까? 시기에 맞음과 맞지 않음이 있을 뿐입니다. 벼슬에 나가 겸선하는 데는 세 가지 등급이 있습니다.

몸소 도덕을 행하고, 자기 자신을 반추하여 타인에게 미치게 하며, 자신의 임금을 요순 임금[12]처럼 만들려 하고, 자신의 백성을 요순의 백성처럼 만들려 하고, 임금을 섬기는 일이나 자신의 행동에 있어서 오직 정도正道로 일관하는 자는 대신大臣입니다.

간절하게 나라를 걱정하느라 자신을 돌보지 않고, 진실로 임금을 섬기고 백성을 보호하며 험난함을 가리지 않고 성심을 다하여 행하며, 비록 정도正道라는 관점에서는 부족하거나 넘침이 있지만 시종일관 사직(社稷 나라를 의미함)을 편안케 하는 데에 마음을 두는 자는 충신忠臣입니다.

어떤 벼슬에 있으면 그 자리를 지킬 방법을 생각하고, 임무를 받으면 자신의 능력이 드러나는 것을 생각하고, 그릇이 비록 나라를 다스리기에는 부족하지만 재능이 있어 특정 관직

---

12 요임금과 순임금은 중국 역사상 가장 이상적인 통치를 한 두 왕이다. 공자가 크게 존숭했으며, 공자 이후 요, 순은 가장 이상적인 통치자, 그들의 정치는 가장 이상적인 정치 질서의 전형이 되었다. 성왕聖王의 가장 대표적인 인물이다.

율곡의 상소

을 맡아서 잘 해낼 수 있는 자는 간신幹臣입니다.

대신이 마땅한 임금을 만나면 하·은·주 삼대의 정치를 다시 실현할 수 있습니다. 충신이 나라를 맡으면 위태롭거나 망하는 일은 없습니다. 간신은 실무직으로 쓸 수 있지만 중임을 맡길 수는 없습니다.

벼슬을 하지 않고 물러나 자기수양을 하는 데에도 세 가지 등급이 있습니다.

불세출의 보물을 품고, 한 시대를 구제할 능력을 쌓아두고 유유히 도를 즐기며, 훌륭한 것을 간직해두고 좋은 가격을 기다리는 자[13]는 천민(天民 하늘이 낸 사람)입니다.

스스로 헤아려보아 배움이 부족하다고 여겨 배움에 나아가길 추구하며, 자신의 재목이 훌륭하지 않음을 스스로 알아서 재목을 향상시키길 추구하며, 은닉하면서 자기수양을 하며 때를 기다리고, 가볍게 자신을 팔지 않는 자는 학자學者입니다.

고결하고 청렴하며 절개가 있고, 세상에서 일어나는 일을 달가워하지 않아 초연하게 세상을 피해 은거하며 세상을 잊

---

13 이 말은 《논어》〈자한子罕〉편에 나오는 말이다. 자공이 공자에게 "아름다운 옥이 있으면 궤짝에 간직해두시겠습니까? 아니면 좋은 가격을 요구하여 파시겠습니까?"라고 물었다. 공자는 "팔아야지, 팔아야지. 다만 나는 좋은 가격을 기다리는 사람이다"라고 대답했다. 주자는 '아름다운 옥'이란 공자가 가진 도道라고 보았다.

은 자는 은자隱者입니다.

천민이 알맞은 시대를 만나면 천하의 백성이 모두 그 은택을 입습니다. 학자는 비록 밝은 시대를 만나더라도 유학儒學에 아직 확실히 믿지 못하는 부분이 있으면 감히 가벼이 벼슬길에 나아가지 않습니다. 은자는 세상을 피하는 쪽으로 치우쳤으니 시중(時中 때에 적절하게 맞음)의 이치가 아닙니다."

손님이 말하였다.

"선생께서 말씀하신 선비를 옛 문헌에서 실례를 찾을 수 있습니까?"

주인이 말하였다.

"고요皐陶·기夔·후직后稷·설契이 요임금과 순임금을 보좌했고, 중훼仲虺·주공周公·소공召公이 상나라와 주나라 왕을 보필했습니다. 이들이 '대신'입니다.

영무자甯武子는 임금을 구제하였고, 제갈량은 적을 토벌하였고, 적인걸狄仁傑은 폐위된 중종을 복위시켰고 사마광司馬光은 폐습을 개혁하였습니다. 이들이 '충신'입니다.

조과趙過는 농업에 관한 정무에, 유안劉晏은 재무에, 조충국趙充國은 오랑캐를 막는 데에, 유이劉彝는 수리(水利 식수, 홍수, 가뭄과 관련된 각종 정무)에 탁월했습니다. 이들이 '간신'입니다.

이윤伊尹은 유신씨有莘氏의 나라에서 밭을 갈았고, 부열傅說은 부암傅巖에서 막노동을 했고, 강태공姜太公은 위수渭水에서 낚시를 했습니다. 이 세 사람은 세상에 뜻이 없는 듯했지만 마침내 성군聖君을 만나 하늘의 뜻을 공유하였습니다. 이것은 '천민'이 자신의 도道를 행한 것입니다. '천민'의 도는 곧 '대신'의 도입니다.

주렴계周濂溪는 남강南康에서 노닐었고, 정명도程明道는 하남河南에서 말단 관직 생활을 했고, 정이천程伊川은 부릉涪陵에서 귀양살이를 했고, 소강절邵康節은 낙양洛陽에서 직접 밥을 지어 먹으며 살았고, 장횡거張橫渠는 관내關內 땅에서《예기禮記》를 강의했고, 주희朱熹는 복건성 지역 도교 사원에서 한직을 지냈습니다. 이상의 여러 명은 도道와 덕德을 마음에 품었지만 적합한 시대를 만나지 못했으니, 이것이 바로 '천민'이 도를 행할 수 없었던 경우입니다.

신문晨門이 문지기를 했던 것, 접여接輿가 미치광이인 체한 것, 장저長沮와 걸익桀溺이 밭을 갈았던 것은 모두 과감히 세상을 잊은 것입니다. 이들이 바로 '은자'입니다. 공자께서 '세상을 등지고 자연으로 돌아가 새와 짐승과 어울려 살 수는 없다'고 탄식한 것은 바로 이 사람들을 두고 말한 것입니다.

학자가 벼슬을 하지 않는 것은 시대가 마땅치 않아서가 아니고, 세상을 피해 숨는 것을 훌륭한 일이라고 여겨서가 아닙니다. 진정으로 학술이 부족하다고 여기는데도 먼저 업적부터 쌓으려고 한다면 이는 '유능한 목수를 대신해서 나무를 자르는 사람치고 손을 다치지 않는 경우가 없는 것'과 같습니다. 따라서 재능을 숨기고 자기를 갈고 닦으며 장기를 숨겨두었다가 적절히 쓰일 때를 기다리는 것입니다. 이는 마치 '자벌레가 몸을 굽히는 것은 이윽고 펴려고 하는 것'과 같습니다. 옛날의 유학자들은 이런 경우가 많았습니다. 선생께서 만약 그 이름을 듣고자 한다면, 칠조개漆雕開가 바로 그런 사람입니다."

손님이 말하였다.

"충신은 임금을 섬길 때 합당한 도道가 아닌 경우는 섬길 수 없다고 여깁니다. 그런데 선생께서는 충신이 '정도正道'라는 관점에서는 약간의 부족함이나 넘침이 있다고 하셨는데, 왜 그런 것입니까?"

주인이 말하였다.

"선생이 어찌 도道라는 것을 아시겠소? 이 '도'는 이윤이나 강태공 정도의 인물이 아니고서는 들을 수 없으니 '충신'이 어떻게 감당할 수 있겠습니까? 제갈량이나 적인걸과 같은 인물은 비록 충성심이 태양을 가릴 정도이고 사직社稷 역시 이들에 의

존했는데, 성현의 도道라는 기준으로 평가할 때 그들은 한 자를 굽혀 여덟 자를 펴는 것[14]에 불과하고 업적을 생각하고 이익을 도모한 것이 많았습니다. 그러니 어찌 충신들이 정도正道에서 넘치거나 모자람이 없다고 할 수 있겠습니까?"

---

14 《맹자》에 나오는 말로, 작은 것을 버려 큰 것을 얻는다는 의미이다. 이러한 생각은 이익을 고려하여 행동한다는 것으로 맹자는 이러한 태도를 비판했다. 율곡은 제갈량과 적인걸이 이익을 고려하여 행동하는 무리라고 보고 있다.

선비의 여섯 유형

대신大臣

대신이란 나라에 없어서는 안 될 존재로 중임을 지고 나라를 대신 맡길 만한 능력과 충심을 가진 신하를 말한다. 율곡이 분류한 여러 유형의 신하 중에서 가장 이상적인 신하이다.

중국 상고시대의 임금이자 중국 역사상 가장 이상적인 통치자로 알려진 요임금과 순임금은 훌륭한 적임자들을 관료로 임명하여 역사에 길이 남을 태평성대를 이룰 수 있었다. 순임금도 요임금의 신하였다. 왕위를 이을 후계자를 찾던 요임금은 순에게 나라를 맡겨서 그가 통치할 능력이 되는지 먼저 시험해보고자 하였다. 요임금은 순을 등용하여 그에게 여러 중요한 정무를 맡겼다. 순은 요임금이 서거하기 전까지 대략 30년가량 요임금의 나라를 다스렸다. 순은 대략 기원전 2286년경에 신하들을 발탁, 임용하여 그들과 함께 태평성대를 이룰 수 있었다.

고요皐陶는 법을 담당하는 장관, 기夔는 음악을 담당하는 장관, 후직后稷은 농사를 관장하는 직책이고, 설契은 백성의 도덕과 윤리를 배양하는 임무를 맡은 장관이었다.

중훼仲虺는 상나라의 탕왕湯王을 보좌하던 정치 참모였다. 탕이 당시 무도하게 폭정을 일삼던 하나라 걸왕桀王을 토벌하고 나서 그것이 잘한 일이었는지 걱정하자 중훼는 그것은 정당한 일이었다고 탕에게 말하였다. 천명이 이미 걸임금에서 탕임금으로 옮겨졌다고 보았기 때문이었다.

주공周公은 상나라를 이은 다음 왕조인 주나라 문왕文王의 아들이자 무왕의 동생이다. 무왕이 서거하고 그 아들인 성왕이 어린 나이에 재위하자 섭정하여 주나라의 예악과 법, 제도를 정비하였다. 공자는 그를 크게 존숭하였고, 공자 사후에도 유가에서는 주공을 가장 훌륭한 신하의 전형으로 여겼다.

소공召公은 어린 성왕이 왕위에 오르자 주나라의 태보太保라는 직책에 있으면서 주공과 함께 대신으로서 주나라를 다스렸다. 소공은 주나라 서쪽 지역을 맡아 다스렸는데 어질고 훌륭한 정치를 펴서 백성들이 윤택한 생활을 했다고 한다.

충신忠臣

충신이란 충성스러운 신하를 말한다. 그들은 어떠한 상황에서도 임금을 저버리지 않고, 강직한 성품으로 임금을 보좌한다.

영무자甯武子는 춘추시대 위나라 대부로 문공文公, 성공成公을 섬겼다. 성공이 나라를 잃고 고초를 겪게 되었을 때 그를 사지에서 구했다.

제갈량諸葛亮은 중국 삼국시대 때 촉한의 유비를 모시던 승상이다. 훌륭한 정치와 덕성으로 백성들의 신임을 받았고, 군사를 운용하는 능력이 탁월하여 북벌을 진두지휘하였다.

적인걸狄仁傑은 당나라 측천무후 때의 명재상으로 무주지 치武周之治라는 성세를 이루는 데 큰 공로를 세웠다. 그는 황위에 올랐다가 폐위된 측천무후의 아들 이현(李顯 중종中宗으로 재위 683~684, 705~710)을 다시 황궁으로 불러들여 태자로 삼을 것을 측천무후에게 직간하였다. 인재를 발탁하여 적재적소에 잘 임용하였고, 민생 안정에 노력하여 백성들의 신망을 받았다.

사마광司馬光은 북송 때의 재상이다. 그는 왕안석이 이끄는 신법당과 대립하는 구법당의 영수로서 왕안석의 개혁안에 줄곧 반대하다 결국 신종(神宗 재위 1067~1085) 때 조정에서 퇴출되었다. 신종의 서거 후에 철종(哲宗 재위 1085~1100)이 왕위에 오르자 재상으로 복귀하여 신법을 모두 폐지하고 신법 이전의 제도를 복구하였다.

간신奸臣

간신이란 나라의 근간을 차지하는 신하라는 말이다. 즉, 정무의 특정한 부문에서 탁월한 능력을 보이는 신하이다. 대신과 충신도 없어서는 안 될 존재이지만, 실무를 맡아서 업적을 내는 간신이 없으면 나라를 경영할 수 없다. 특히, 고대 중국의 영토가 넓어지고 행정체계가 점점 방대해지면서 더욱 필요한 것이 간신이라고 볼 수 있다.

　조과趙過는 한나라 무제武帝 말년에 농업을 담당한 관리로 농기구 개량과 각종 농업 진흥 정책을 펴서 중국의 고대 농업 부분에 큰 공헌을 하였다.

　유안劉晏은 당나라 때 경제부총리 역할을 했던, 중국 역사 상 둘도 없이 탁월한 재정 장관이었다. 그는 현종, 소종, 대종, 덕종 등 총 4대 황제를 모셨는데, 대종 때의 업적이 가장 많다. 그는 755년에 있었던 안녹산安祿山과 사사명史思明의 난 이후에 피폐해진 당나라의 재정을 회복하는 데 지대한 공헌을 했다. 국가 재정을 건실하게 하고, 민생 경제를 회복하는 데 적합한 정책을 마련하고 열성을 다해 집행하였다. 또한 백성들의 재난을 적극적으로 구제하고, 교통과 운수를 활성화하기 위해 조운을 개발하고, 물가를 잘 파악하기 위한 관청을 설치하여 물가를 통제하는 정책을 펴고, 관에서 소금을 전매하게 하여 소금값을 안정화했다.

　조충국趙充國은 전한前漢 때의 장수로 무제, 소제昭帝 때 변방에서 흉노족을 무찔렀다. 무예에 뛰어나고 지략도 갖추어서 각종 반란과 변방의 침입을 진압하였다. 특히, 76세에도 출전하여 백전노장으로 전략을 제시하는 등 노익장을 과시했다.

　유이劉彝는 송나라 신종 때 강서성江西省 감주성贛州城의 주지사가 되었다. 감주성은 매년 심한 수해를 입었는데, 유이는 도시를 계획하면서 배수 시스템을 정비한다. 그는 도시의 지형을 고려하여 배수로를 만들었는데, 감주에 있던 두 갈래의 도랑이 복福과 수壽의 전서체 모양과 비슷하여 그 배수 체계를 '복수구福壽溝'라고 불렀다. 이 배수 시스템은 강으로 빗물과 오수를 흘려보내고 강물을 성으로 들어오지 못하게 하는 기능을 수행했는데, 900여 년이 지난 지금까지도 잘 보전되어서 그 역할을 하고 있다.

천민天民

천민에는 두 가지 부류가 있다. 첫 번째 부류는 훌륭한 능력과 자질을 가지고 있으면서 그 능력을 발휘하게 해줄 임금을 만나 자신의 능력과 포부를 펴서 훌륭한 정치를 하는 사람들이다. 두 번째 부류는 비록 훌륭한 능력이 있더라도 그 인재를 알아보는 임금을 만나지 못해 본의 아니게 말단직에 머물거나 교육에 종사하며 조용히 살아가는 사람들이다.

이윤伊尹은 중국 상고시대 상왕조의 명재상이다. 그는 탕임금을 보좌한 여러 훌륭한 신하들 중에서도 최고의 신하였다. 상나라의 탕임금에게 임용되기 전에는 미천한 신분으로 유신씨 나라의 땅에서 농사를 짓고 살고 있었는데, 탕임금은 그의 덕성을 듣고 세 번이나 그를 찾아가 초빙한다. 당시는 하나라가 가장 큰 나라였고 상나라는 주변의 약소국에 불과했다. 하지만 하나라 걸임금의 폭정으로 민심이 돌아서자 이윤은 탕 임금을 도와 하나라를 토벌한다. 그런 뒤 탕임금이 나라를 잘 다스리도록 도왔고, 탕임금의 아들이 재위에 오르자 그를 보좌했다. 이후 탕임금의 손자인 태갑太甲이 국정을 등한시하자 그를 3년간 동桐 땅으로 유배 보내 반성케 하고, 그런 다음 다시 데려와서 왕위를 돌려주었다.

부열傅說 역시 상왕조의 명재상이다. 그는 무정(武丁 재위 대략 기원전 1324~1266) 임금을 모셨다. 무정 임금이 꿈에서 어진 사람을 만났는데, 꿈에서 깨어나 초상화를 그리게 하여 똑같은 사람을 부암傅巖에서 찾았다. 그의 이름은 열說인데 부암이라는 곳에서 노예 신분으로 막노동을 하고 있었다. 무정은 신하들을 보내 그를 궁으로 데리고 와서 이야기를 나눈 후에 그가 하늘이 보내준 성인임을 확신하고 재상으로 삼았다. 재상이 된 부열은 무정 임금에게 훌륭한 정치적 조언을 하여 상나라의 중흥을 이끌었다.

강태공姜太公은 주나라 문왕과 무왕의 스승으로 주나라가 상나라의 주왕紂王을 멸망시키고 천하를 평정하는 데 큰 공을 세웠다. 이름은 강상姜尙이고, 태공망太公望이라고 불리기도 한다. 그는 강소성江蘇省 동해東海에 살았는데 위수渭水에서 낚시를 하며 세월을 보내던 중 나이 72세 즈음에 문왕을 만났다. 강태공을 보고 인재임을 알아차린 문왕은 그를 초빙하여 스승으로 삼았다. 강태공은 또 병법에도 박학하였는데 그와 문왕이 나눈 병법에 관한 대화로 이루어진 책인《육도六韜》의 저자가 강태공이라고 전해진다.

이상은 모두 훌륭한 임금을 만나 능력을 발휘하고 인정받은 천민들이다. 그러나 천민 중에는 북송의 다섯 선생님(일명 북송오자北宋五子)라고 불리는 주렴계周濂溪, 정명도程明道, 정이천程伊川, 소강절邵康節, 장횡거張橫渠와 남송의 주희처럼 출중한 능력을 지녔음에도 이를 충분히 발휘하지 못한 사람들도 있었다.

주렴계周濂溪는 사마광, 왕안석과 동시대 인물로 북송 대의 관료이자 학자였다. 이름은 돈이敦頤이고 렴계濂溪는 그의 호이다. 도가 사상의 영향을 많이 받았고 특히 그가 남긴〈태극도설〉은 우주 생성의 원리를 나타내는 그림과 그에 대한 설명으로 주희가 성리학 체계를 집대성하는 데 큰 영향을 주었다. 말년에는 남강군南康軍의 지사知事를 역임했다.

정명도程明道는 주렴계와 동시대 사람으로 정이천의 형인데, 정명도와 정이천을 아울러 '이정二程' 혹은 '정자程子'라고 부른다. 명도明道는 호이며 이름은 호顥이다. 본래 하남河南에서 태어났는데 중앙 관직에 진출했다가 왕안석의 신법에 반대하여 하남 등지에서 지방관을 지냈다. 맹자 이후에 끊어진 도통을 자신이 계승했다고 생각했고, 우주와 도덕의 원리로

이理를 강조하였다. 주희가 성리학을 집대성할 때 북송오자 중에서도 정명도와 정이천 형제의 학설을 가장 많이 활용하였다.

정이천程伊川은 정명도의 동생으로 이천伊川은 호이며 이름은 이頤이다. 실제로 그의 많은 사상이 주희에게 전해졌다. 정이천은 왕안석의 신법에 반대하였다. 그의 말년에 신당파가 득세하였는데 신당파는 이천을 사천四天 부릉涪陵으로 귀양보냈다.

소강절邵康節은 주렴계와 동시대 사람으로 주로 역철학易哲學으로 이름이 났다. 이름은 옹雍이고 강절康節은 그의 시호이다. 벼슬에 나가지 않고 낙양洛陽에 숨어 살았는데 형편이 매우 가난했다. 그의 역철학 역시 주희의 학문에 큰 영향을 주었다.

장횡거張橫渠는 정명도, 정이천과 동시대 사람으로 이름은 재載이고 호가 횡거橫渠이다. 관중關中에서 오래 강의하여서 그의 학문을 관학關學이라고 부르기도 한다. 그의 기氣 개념과 역철학은 주희의 학문에 큰 영향을 주었다. 신종의 눈에 띄어 중용될 뻔하였으나 왕안석과 맞지 않아 병을 핑계로 향촌으로 돌아가 학문과 교육에 몰두하였다.

주희朱熹는 앞선 북송의 다섯 선생들의 학설을 깊이 연구하고 집대성하여 신유학 체제를 확립했다. 주희는 지방관으로 있으면서 많은 치적을 쌓기도 했지만 본인 스스로 벼슬하는 것을 좋아하지 않고 학문과 강학을 하기 바랐다. 그래서 오랜 시간 복건성福建省에서 도교 사원을 관리하는 한직을 맡아 생계를 해결해가며 공부와 저술에 몰두하였다.

은자隱者

신문晨門은 새벽에 성문을 열어주는 문지기를 말한다. 어질고 유능하지만 세상에 대한 기대를 접고 은둔하는 사람이다.《논어》에서 그는 자로와 대화를 나누면서 공자가 불가능함을 알면서 하려고 하는 자라고 풍자하였다.

접여接輿는 춘추시대 초나라 사람 육통陸通으로 접여接輿는 그의 자字이다. 초나라 소왕昭王의 정치가 법도를 잃자 미친 것으로 가장하여 벼슬하지 않고 은거하였다.

장저長沮와 걸익桀溺은 모두 초나라 은자들로 세상을 변혁하는 것을 포기하고 은거하며 농사를 짓고 살았다.

학자學者

오늘날 학자는 특정 학문 분야에 능통하거나 한 분야를 오랫동안 연구해온 사람을 말한다. 율곡이 말하는 학자는 오늘날의 학자와 의미가 다르다. 학자란 자신의 배움이 아직 부족하다는 것을 깨닫고 더 배우기를 추구하는 사람이다. 조용히 은거하면서 배우고 때를 기다린다. 이런 사람은 세상에 나가 자신이 배운 것을 펼칠 시기를 기다리며, 가볍게 자기의 재능을 세상에 팔지 않는다. 더 길게 보고 자신의 능력을 배양하는 사람이 율곡이 생각한 학자였다.

칠조개漆雕開는 공자의 제자였다. 공자가 벼슬길에 나갈 것을 권하자 칠조개는 다른 사람을 다스리는 일에 아직 자신이 없다고 솔직하게 고백하였는데, 공자는 이 말을 듣고 기뻐했다. 칠조개의 태도가 진중하다고 생각했기 때문이다.

03

군주와 신하가
만나기 어려움에 대하여

[훌륭한 군주와 신하가
진심으로 만나 함께 정치하기 어렵다]

손님이 말하였다.

"하·은·주 세 시대 이후에 왕도를 행한 임금이 더 이상 없는
것은 도대체 무슨 이유 때문입니까?"

주인이 개탄하며 말하였다.

"도학道學이 충분히 이해되지 못하고 또 행해지지 못했기 때
문입니다. 한나라 때 이후로 임금의 자리에 있는 사람들은 도
학이 무엇인지 모른 채 다만 모략과 무력으로만 천하를 장악
하려 하며, 임시변통으로 새는 곳을 막고서 시간만 보내니, 휙
하니 지난 수천 년이 다만 긴 하룻밤이었을 뿐이었습니다. 정
자程子께서 '주공周公이 죽은 후 백 년 동안 좋은 정치가 없었
다'고 말씀하셨는데 과연 그 말이 맞습니다."

손님이 말하였다.

"한나라 시대 이후로 지금까지 독서인이 없지 않은데 '도학'이라는 것은 도대체 무엇을 배우는 것입니까?"[15]

주인이 말하였다.

"천박하구려, 선생의 말씀이! 도학이란 '격물치지格物致知'[16]하여 선善이 무엇인지 명확히 알고, '성의정심誠意正心'[17]하여서 '자기수양[修身]'을 하는 것입니다. 수양한 것이 자신에게 쌓이면 곧 '하늘의 덕[天德]'[18]이 되고, 정치에 쓰이면 왕도가 됩니다. 독서라는 것은 격물치지 공부의 한 가지일 뿐입니다. 책을 읽되 실천이 없는 것은 앵무새가 사람의 말을 따라 하는 것과 무엇이 다르겠습니까? 양梁나라의 원제(元帝 508~554 남북조 시대 양나라 4대 황제)는 책 만 권을 읽었지만 결국은

---

15 이 질문은 한 대 이후에도 경전이 있었고, 독서하는 학인들이 있었는데, 도학이 어떤 특별한 경전을 읽는 것이기에 도학이 이해되지 못했고 행해지지 못한 것이냐고 묻는 것이다. 독서인은 있었을지 몰라도 도학을 배운 사람은 없었다는 말을 함으로써 율곡은 도학이라는 것이 어떤 특정 경전이나 특정 연구 대상을 상정하는 학문의 한 부류임을 거부한다.

16 '사물과 사안에 대해서 궁구하여서 앎을 얻는다'는 의미로 성리학의 수양론 중 하나이다.《대학》에서 제시된 8가지 조목에 들어간다.

17 '뜻을 성실하게 하고 마음을 바르게 한다' 의미로 성리학의 수양론 중 하나이다.《대학》에서 제시된 8가지 조목에 들어간다.

18 하늘이 인간에게 내려준 덕.

위나라의 포로가 되었으니, 이런 것을 '도학'이라고 부를 수 있겠습니까?"

손님이 말하였다.

"하·은·주 세 시대 이후로 도학에 종사하는 임금은 전연 없었다 하더라도 어찌 도학에 종사하는 선비가 없었겠습니까?"

주인이 말하였다.

"어찌 그런 선비가 없었겠습니까? 다만 윗사람들이 그런 선비가 우활(迂闊 현실 감각이 없음)[19]하지 않을까 의심하여 함께 정치하려고 하지 않았습니다. 도학에 종사하는 선비를 '진유眞儒'라 부릅니다. 맹자 이후로는 진유가 나타나지 않았고, 천년이 지나서야 비로소 주렴계 선생이 나타나서 세밀하고 오묘한 이치를 밝혀 드러내었습니다. 이어서 정이 선생, 정호 선생, 주자朱子 선생께서 나타나신 이후로 사도(斯道 유가의 도)가 세상에 밝게 드러난 것이 마치 태양이 하늘 한가운데 있는

---

19 우활迂闊이라는 말은 고전에 아주 많이 쓰이는 말로, 뜻이 지극히 높지만 현실의 상황을 잘 이해하지 못하는 사람을 묘사하는 말이다. 《논어》에서 자로가 공자에게 '위나라 임금이 선생님을 기다려 정치를 하려고 하는데 가시면 무엇을 먼저 하시겠습니까?'라고 묻자 공자는 '반드시 명분을 바로잡겠다'고 대답했다. 자로는 이 말을 듣고, '이렇게 선생님께서 우활하십니다'라고 말하였다.

것과 같았습니다. 다만 한스러운 점은 송나라의 임금들이 도학을 이해하지 못해서 도학에 종사하는 큰 현인들을 하급 관리에 묵혀두었으니 송나라의 백성이 현인들의 은택을 받지 못했다는 것입니다."

손님이 말하였다.

"한나라, 당나라 시대 이후로는 영특하고 사리에 밝고 업적이 많은 임금들이 없지 않은데 어찌 하나같이 진유를 몰라보았겠습니까? 다만 서로가 만나지 못했을 뿐이겠지요."

주인이 말하였다.

"후세의 임금들 중에 진유를 등용할 수 있는 이가 누가 있었습니까? 저는 어디서도 보지 못했습니다. 선생께서 한번 말씀해보시지요."

손님이 말하였다.

"한나라 고조高祖는 어떻습니까?"

주인이 말하였다.

"군자君子[20]는 반드시 임금이 자신을 극진히 공경하고 예의를 갖춰 대하기를 기다린 후에 임금에게 나아가 벼슬합니다. 한 나라 고조는 본래 게으르고 무례하였고 그가 부리는 사람들도 모두 부귀만을 좇고 공 세우기에 마음이 가 있었을 뿐입니다. 진유 중에 누가 기꺼이 임금이 걸터앉아 발을 씻으면서 면대하는 오욕[21]을 감내해가며 구차하게 한신韓信, 영포英布의 대열[22]에 끼려 하겠습니까?"

---

20 도덕적으로 완벽한 사람. 유가儒家에서 최고의 이상적인 인간상이다.

21 원래 초나라 항우의 신하였던 영포가 초나라를 배신하고 한나라에 귀속하기로 하고 한나라 왕을 만나러 갔는데 한 왕 유방이 평상에 걸터앉아 발을 씻고 있던 중에 영포를 맞이했다. 영포는 화가 나서 한에 귀속한 것을 후회하며 자살하려고 하였다. 그러나 이후에 좋은 대우를 받고는 기뻐하였다. 《사기》〈경포열전黥布列傳〉에 나온다.

22 한신과 영포는 모두 한나라 유방의 장군이다. 한신은 한 고조 유방의 장수로 전한前漢의 개국공신이다. 그는 유방이 도와 항우를 무찌르고 한나라가 패권을 잡는 데 큰 공을 세웠다. 그는 소싯적에 고향에서 불량배들을 만나 얻어 맞고는 '가랑이 사이로 지나가는 굴욕'을 당했는데, 유방의 부하가 되기 전에 항우 밑에서 일할 때 이런 굴욕을 참은 소인배로 취급받아 푸대접을 받았다. 영포 역시 한신과 마찬가지로 한 고조 유방의 신하이자 개국공신이다. 그는 어릴 때 법을 어겨 죄목을 얼굴에 문신으로 새기는 형벌인 경형黥刑을 받아서 경포黥布라고 불렸다. 원래는 항우 밑에서 많은 전공을 세워 구강왕에 봉해졌으나 훗날 한나라와 초나라가 전쟁을 벌일 때 항우를 배반하고 유방 밑으로 갔다. 한신과 영포는 둘 다 젊을 때 굴욕을 참고서 끝내 성공했지만 결국 비참한 죽음을 맞았다.

율곡의 상소

손님이 말하였다.

"한나라 문제文帝는 어떻습니까?"

주인이 말하였다.

"문제는 자기 자신을 버린[自棄] 임금입니다."

손님이 크게 놀라며 말하였다.

"문제는 천하의 현명한 임금[賢君]입니다. 선생께서 문제가 자신 자신을 버렸다고 여기신 이유는 무엇입니까?"

주인이 말하였다.

"하·은·주 세 시대 이후 세상의 훌륭한 임금 중에서 참으로 문제만 한 인물이 없습니다. 다만 그의 생각이 저열해서 무너진 옛 도[古道]를 꼭 다시 회복할 필요는 없다고 여겼습니다. 편안하고 조용한 것에 안주하고 가까스로 백성을 부양하는 일을 행하되 옛 도는 다시 회복시키지 않는 풍토가 문제 때부터 시작된 것입니다. 문제 같은 인물은 끝내 요순이 천명한 도道의 경지에 들어갈 수 없으니 자기 스스로를 버린 것이 아니면 무엇이겠습니까? 비록 그가 진유를 만났다고 하더라도 결단코 등용할 수 없었을 것입니다."

손님이 말하였다.

"그러면 한 무제武帝는 어떻습니까?"

주인이 말하였다.

"무제는 마음속에 욕심이 많은데도 밖으로는 인仁과 의義를 베풀었습니다. 그가 베푼 인과 의는 모두 허문虛文[23]을 숭상하고 아름다운 것으로 여긴 것일 뿐 충실한 마음으로 도道를 믿고 행한 것이 아니었습니다. 동중서董仲舒[24]와 급암汲黯 같은 인물이 있어도 등용하지 못했는데 진유를 등용할 수 있었겠습니까?"

손님이 말하였다.

"후한後漢의 광무제光武帝는 어떻습니까?"

주인이 말하였다.

"광무제는 그릇이 한 고조만 못합니다. 자기 자신만을 믿고는

---

23 겉만 꾸미는 쓸데없는 예의나 법제 혹은 실천이 없는 글쓰기와 독서로, 도학이 추구하는 도를 담고 있는 경전에 대비되는 문학 따위를 말한다.

24 동중서董仲舒는 한 경제景帝와 무제武帝를 모신 학자형 관료였다. 오경五經 중에서도 춘추학春秋學에 능통했다. 당시 유행했던 천인감응설(자연현상과 사회현상이 서로 관계를 맺고 영향을 미친다는 학설)과 재이설을 주장했다. 황제에게 도가나 법가와 같은 이단을 물리치고 유가를 신봉하고 증진시킬 것을 건의하였다.

율곡의 상소

삼공三公²⁵에게도 정치를 맡기지 않았으니, 그가 진유에게 일을 맡겨서 성공을 기대할 만한 인물이 아니란 것을 알 수 있습니다."

손님이 말하였다.

"후한의 명제明帝는 어떻습니까?"

주인이 말하였다.

"명제는 사람이 너무 자잘해서 임금의 도량이랄 것이 없습니다. 벽옹(辟雍 고대에 천자가 수도에 세운 대학)에 행차하여 원로들께 절하는 의식[臨雍拜老]²⁶을 행한 것은 단지 예를 갖추었음을 보여주려고 그런 것일 뿐이니 명제가 어찌 진유를 알아봤다고 할 수 있겠습니까? 더군다나 불교를 처음 숭상하여 후일에 만세토록 한없는 우환을 열었으니 그를 어떻게 '큰일을 한 임금[有爲之主]'이라고 하겠습니까?"

---

25 삼공은 국가 정치 조직의 최고위 관직, 즉 재상급 관직으로 중국과 한국에서, 그리고 시대별로 명칭과 직능이 달랐다. 광무제 때의 삼공은 사도司徒, 사공司空, 태위太尉라고 불렀다. 조선시대 때 삼공은 우의정, 좌의정, 영의정이다.
26 이 의식은 주나라 때 천자가 교화의 모범을 보이기 위하여 친히 태학에 나아가 관직에서 물러난 원로들에게 예를 올리는 의식이었다.

손님이 말하였다.

"당나라 태종은 어떻습니까?"

주인이 말하였다.

"당 태종은 아버지를 위협하여 전쟁을 일으켰고, 형을 죽이고 황제 자리를 빼앗았으며, 동생의 처와 음란한 일을 벌였으니 행실이 마치 개나 돼지와 같았습니다. 태종은 비록 진유를 등용하고자 하였으나 진유 중에 누가 기꺼이 태종의 신하가 되려고 했겠습니까?"

손님이 말하였다.

"송나라 태조太祖는 어떻습니까?"

주인이 말하였다.

"송 태조는 원래 후주後周 세종(世宗 후주의 2대 황제, 재위 954~959)의 총애를 받는 신하였으나 진교陳橋의 변란[27] 때

---

27 960년 북한北漢과 요遼나라가 후주後周를 침략하자, 당시 후주 금군禁軍의 수장이었던 조광윤은 적진으로 향한다. 그날 조광윤은 대군을 진교역陳橋驛에서 쉬게 하였는데, 당시 후주에 어린 왕이 왕위에 오른 것에 불안감을 느낀 군인들이 조광윤을 황제로 추대할 계획을 세우고 다음 날 아침 조광윤에게 황포를 입힌다. 이후 조광윤은 군사를 돌려 도성을 차지하고 황제가 되어 국명을 대송大宋으로 바꿨다.

율곡의 상소

졸지에 왕위를 찬탈하고 반역하는 신하가 되었습니다. 진유는 실망하여 뒤도 안 돌아보고 가버렸을 것이 분명합니다.

손님이 놀라면서 말하였다.

"선생님 말씀대로라면 진유는 결국 세상을 받아들일 수 없는 것입니까?"

주인이 말하였다.

"만약 진유로 하여금 한나라의 소열[28]을 만나게 했다면 조금은 뜻한 바를 행할 수 있었을지도 모릅니다. 소열은 제갈공명을 세 번이나 찾아갔습니다. 제갈공명은 신분이 미천하고 나이가 어렸던 반면, 소열은 지위가 높고 나이도 더 많았습니다. 제갈공명에 대해서는 단지 그 명성만 들었을 뿐 자세하게 알지 못했는데도 간절하게 두 번, 세 번 찾아갔습니다. 현자를 지극 정성으로 좋아하지 않았다면 어떻게 이렇게 할 수 있었겠습니까? 제갈공명이 진유라고 가정해본다면 소열은 반드시 그를 존경하고 신임할 수 있었습니다. 저는 후대의 임금 중에서 오직 소열만이 진유를 등용할 수 있었을 것이라고 생각합니다.

---

28 《삼국지》에 나오는 촉한의 초대 황제 유비劉備를 말한다.

큰일을 할 임금[有爲之主]은 존경하고 신임하는 신하가 반드시 있어야 합니다. 임금과 신하의 관계가 부모와 자식과 같이 서로 친해야 하고, 물고기와 물처럼 서로를 만나야 하고, 궁宮과 상商29처럼 서로 화음을 이루어야 하고, 부신(符信 나누어 지니다가 나중에 서로 맞추어 증표로 삼는 물건)처럼 서로 합치해야 합니다. 그런 후에야 신하의 제안이 쓰이지 않는 것이 없고, 도가 행해지지 않는 것이 없고, 일이 이뤄지지 않는 것이 없게 됩니다. 마치 요임금이 순임금에게, 순임금이 우禹와 고요에게, 탕임금이 이윤에게, 무정이 부열에게, 문왕이 강태공에게 그렇게 했던 것처럼 말입니다. 그렇게 할 수 없으면 그에 버금가는 관계가 바로 소열과 제갈량의 관계입니다. 후세의 임금과 신하들은 모두 이 두 사람의 수준에 이를 수 없었습니다."30

손님이 말하였다.

"부견(符堅 전진前秦의 제3대 임금, 재위 357~385)과 왕맹王猛

---

29 국악의 5음 '궁·상·각·치·우' 중에서 궁과 상을 말한다.

30 이 문단은 이 장의 주제를 드러내고 있다. 율곡은 〈동호문답〉과 〈만언봉사〉에서 국가 제도의 광범위한 개혁이 절실하다고 보고 개혁안을 제시하는데, 이러한 개혁안들이 시행되기 위해서는 큰일을 할 포부를 품은 임금과 그 임금을 보좌할 신하가 서로 만나서 화합하고 합세해나가야만 개혁에 성공할 수 있다고 보았다.

의 관계, 당 태종과 위징魏徵의 관계도 역시 서로를 얻었다고 할 수 있을 텐데 선생께서 거론하지 않은 것은 무슨 이유 때문입니까?"

주인이 말하였다.

"내가 '서로를 만났다'고 한 것은 올바름으로써 서로를 신임한 것만을 말한 것입니다. 부견이라는 임금은 오랑캐의 추장으로서 변변치 못한 무리 가운데에서 뛰어났을 뿐이고, 왕맹의 속임수와 무력 덕분에 성취를 거두지만 한 세대조차 정권을 유지하지 못했으니 어찌 그를 입에 담겠습니까? 당 태종은 명성을 좋아한 임금이고 위징은 명성을 좋아한 신하입니다. 이들이 비록 서로를 얻은 것 같아 보이지만 실은 진심을 숨긴 채로 만나 함께 세상을 다스렸습니다. 그러나 살아서는 죽이려는 마음을 떨쳐낼 수 없었고, 죽어서는 비석을 넘어뜨리는 치욕을 면할 수 없었습니다.[31] 이것을 어떻게 마음이 즐거워서 진실로 믿은 것이라고 할 수 있겠습니까?"

---

31 위징은 태종에게 빈번히 직언을 하였다. 이러한 잦은 직언 때문에 화가 난 태종은 위징을 죽이려는 마음을 품기도 했다. 그런 위징이 죽자 태종은 비석을 세우고 글을 지어 새겼는데, 다시 오해가 생겨 비석을 허물었다. 그러나 고구려 원정 때 대패하면서 당 태종은 위징의 직언이 없었기에 원정에서 패배한 것으로 생각하고 비석을 다시 세워주었다.

04

우리나라에서 도학이
행해지지 않음에 대하여

[훌륭한 임금과 신하가 조선에 없었다]

손님이 말하였다.

"우리나라에도 왕도로 세상을 다스린 임금이 있었습니까?"

주인이 말하였다.

"문헌이 부족하여 고증하기 어렵습니다. 다만 기자箕子[32]께
서 우리나라에 임금으로 계실 때 행했던 정전제井田制,[33] 팔조
금법八條禁法[34]은 순수하게 모두 왕도정치에서 나온 것입니

---

32 〈깊이 읽기 03〉 참조.

33 고대 중국의 토지 제도로, 토지를 우물 정井 자로 9등분하여 여덟 가구가 한 가
구씩 농사를 지어 생산물을 취하고, 가운데는 공동 경작하여 생산물을 세금으
로 내는 제도.

34 고대에 사회 질서를 유지하기 위해 시행한 여덟 가지 금지법으로 현재《한서
지리지漢書地理志》를 통해 세 가지 조항만을 알 수 있다. 1)사람을 죽인 자
는 사형에 처한다. 2)남에게 상해를 입힌 자는 곡물로써 배상한다. 3)남의 물

다. 그 후에는 삼국이 국토를 세발솥처럼 셋으로 나누어 가졌
다가 고려가 통일하였는데 그간에 벌어진 일을 살펴보면 오
로지 지모智謀와 무력으로 서로를 이기려 했을 뿐이니 도대체
누가 도학道學이 존숭할 가치가 있다는 것을 알았겠습니까?
나라의 임금만 그랬던 것이 아니라 그 밑에 있는 신하들도 참
되게 알고 실천함으로써 과거의 바른 전통을 계승했다는 얘
기를 저는 듣지 못했습니다. 신하들은 불교에 잘못 빠져들거
나 길흉화복설吉凶禍福說에 미혹되었습니다. 시간은 끝없이 흘
러 천 년이 지나도록 특출한 인물이 없다가 고려 말에 정몽주
(鄭夢周 1337~1392)가 약간의 유자儒者다운 기상이 있었지만
그 역시 학문적 성취를 이루지는 못했습니다. 그가 행한 일들
을 살펴보면 그는 일개 충신에 불과했음을 알 수 있습니다."

손님이 발끈하며 말하였다.

"선생께서는 우리나라에 수천 년 동안 단 한 명의 진유眞儒가
없었다고 여기시는데 말씀하시는 것이 어찌 그렇게 기준이
높습니까?"

건을 훔친 자는 데려다 노비로 삼으며, 속죄하고자 하는 자는 1인당 50만 전
을 내야 한다.

주인이 웃으면서 말하였다.

"선생이 제게 물었으니 저는 감히 바르게 대답하지 않을 수 없었습니다. 어찌 지나치게 높은 기준을 즐겨서 그랬겠습니까? '진유'라고 불리는 자는 벼슬길에 나아가서는 한 시대에 도道를 행하고 그 백성으로 하여금 세상이 밝게 잘 다스려지는 치세의 즐거움을 느끼게 해야 합니다. 벼슬에서 물러나서는 만세萬世에 이어질 가르침을 베풀어서 배우는 자들로 하여금 큰 어리석음에서 깨어나게 해주어야 합니다. 어떤 사람이 벼슬길에 나아가서는 행할 만한 도道가 없고 벼슬길에서 물러나서는 베풀 만한 가르침이 없다면 비록 다른 사람들이 그를 진유라고 부를지라도 저는 믿지 않을 것입니다. 기자가 우리나라에 와서 오랑캐의 습속을 바꾼 이후로 다시는 본받을 만한 좋은 통치가 없었습니다. 이것이 벼슬길에 올라 도를 행한 사람이 없었다는 증거입니다. 우리나라에서 쓰인 책 중에 의리(義理 마땅히 해야 할 준칙과 그 원리)를 아주 깊게 밝혀 놓은 것은 보지 못했습니다. 이것이 벼슬길에서 물러나 가르침을 베푼 사람이 없었다는 증거입니다. 제가 어찌 허튼소리를 하여 옛 사람들을 비방하려고 하겠습니까?"

기자조선

기자조선箕子朝鮮이란 중국 상고시대 현인인 기자가 한반도 땅에 와서 세운 왕조를 말한다. 기자조선에 대한 사실 여부는 이미 율곡의 시대 때도 문헌이 부족하여 증명하기 어려운 일 설에 불과했다.

기자箕子는 중국 상고시대 상나라의 폭군 주왕紂王의 숙부 이다. 기자는 주왕이 폭정을 하자 직간을 하였고, 주왕은 그런 기자를 가두고 종으로 삼았다. 기자는 도망치라는 주변 사람 의 조언을 듣고도 도망가지 않고 미친 척하며 상나라에 살면 서 갖은 곤욕을 치렀다.

이후에 주나라 무왕武王이 상나라를 정벌하고 기자를 풀어 주자 기자는 한반도로 와서 기자조선을 세웠다고 한다. 율곡 은 〈동호문답〉에서 우리나라에 왕도정치가 오직 한 번 있었다 고 하는데, 그것이 바로 이 기자가 임금으로 있었을 때라고 하 였다. 그리고 그 왕도정치를 견인한 제도가 바로 팔조금법과 정전제였다.

율곡은 이미 공자나 맹자가 태어나기 전에 왕도정치가 우 리 땅에 전해졌고, 우리 고유의 왕도정치가 있었다는 자긍심 을 가졌다. 그렇지만 그와 같은 전통이 자신의 시대까지 한 번도 다시 실현되지 못한 점을 애석해하였다.

율곡은 훗날 45세(1580, 선조 13)에 〈기자실기〉를 편찬했는데, 이는 기자가 조선의 정치사에서 가지는 의미를 율곡이 아주 중요하게 생각하고 있었음을 보여준다.

05

우리 조정이 옛 도를
회복하지 못함에 대하여

[나라를 구할 인재가 필요하다]

손님이 말하였다.

"이미 지나버린 쓸모없는 것들은 다시 거론할 필요가 없고 오늘날의 일에 대해 말씀해주시기 바랍니다."

주인이 말하였다.

"좋습니다."

손님이 말하였다.

"지금 성상께서 재위에 오르시고 여러 현명한 신하들이 포진하고 있어 백성은 기뻐하면서 태평한 시대를 희구한 것이 이제 3년이 되었습니다.[35] 그런데 민생은 곤궁하고 풍속은 각박

---

35   율곡이 〈동호문답〉을 저술하여 바친 1569년은 선조가 즉위한 지 2년째 되는 해였다.

하며 기강은 바로 서지 않고 선비들의 풍조도 바르지가 않으
니 이전과 추호도 변한 것이 없습니다. 그리고 천심天心이 편
안치 않아서 홍수나 가뭄이 시도 때도 없이 일어나고 일식과
월식이 일어나며 별자리도 괴상하게 나타나니 그 까닭이 무
엇이겠습니까?"

주인이 눈살을 찌푸리고는 한참 뒤에 말하였다.
"그건 말하기가 쉽지 않습니다."

손님이 말하였다.
"한번 말씀해보시지요."

주인이 말하였다.
"그러면 제가 선생을 위해서 그 근원까지 거슬러 올라 모조리
말씀 드리고자 합니다. 우리 태조께서는 쇠망한 왕씨 왕조를 이
어서 신묘한 무예로 국운을 여셨고, 그 왕통을 계승한 군주 중
에는 세종도 있었습니다. 성왕이신 세종과 같은 임금은 고려에
는 없었던 임금입니다. 세종은 훌륭한 교화로 나라를 편안케 하
셔서 비 오고 개는 것이 때에 알맞게 일어났습니다. 유학儒學을
숭상하고 도道를 중시하며 인재를 육성하고 예악 제도를 만들
어 후손들에게 그의 업적을 남겨주었습니다. 그리하여 우리나

율곡의 상소

라의 통치가 이때에 융성해져 지금에 이를 수 있었고 그 은택이 아직까지 남아 있습니다. 우리나라 만년의 복이 세종 임금으로부터 그 기반을 다지기 시작한 것입니다.

다만 아쉬운 점은 위로는 요순과 같은 임금이 있었지만 아래로는 후직后稷이나 설契과 같은 신하가 없었다는 것입니다. 허조許稠나 황희黃喜[36]와 같은 신하들은 모두 보통 사람들 중에서 조금 뛰어난 사람들이었을 뿐입니다. 단 한 사람도 선왕先王의 도道를 밝혀서 성주聖主[37]를 보필한 자가 없었습니다. 백성의 생활이 단지 풍요롭고 번성하는 데에만 그쳤을 뿐 세상의 도는 중국 고대 상나라와 주나라에 비해 부끄러운 수준이었습니다. '뜻이 있는 선비들[志士]'이 한탄한 것도 여기에서 시작된 것입니다.

문종(文宗 1414~1452)은 일찍 돌아가셔서 끝내 은택을 베풀지 못하고 왕위가 전해지고 전해져 성종(成宗 1457~1494)

---

36 허조(1369~1439)는 고려 말 조선 초 신하로 강직한 성품으로 이름이 났다. 그는 조선 초의 예악 제도를 정비했으며, 중앙 관직의 여러 요직을 두루 거쳤고 세종 때 이조판서가 되어 공정한 관리 임용을 위해 노력하였다. 관직은 좌의정까지 올랐다.
황희(1363~1452) 역시 고려 말 조선 초의 명재상으로 세종 대 성세를 이끈 문신 중 한 명이다. 그는 성품은 어질고 너그러우며 강직하고 정확한 판단력을 가졌고 충효가 뛰어나기로 이름났다. 그래서 태종과 세종 임금은 늘 그를 곁에 두고 조언을 구했다. 관직은 영의정까지 올랐다.

37 도덕적으로 완벽한 임금.

에 이르렀습니다. 성종은 영특하고 슬기로운 인품을 가지셨
는데 천년에 다시없을 으뜸이신 진정 우리나라의 성주聖主셨
습니다. 그러나 당시 나라 대신들은 용렬하고 비루하고 식견
이 없어서 경연(經筵 임금과 신하가 모여서 학문과 정치에 대해
토론하는 장소이자 제도)할 때 '성과 정에는 심이 없다[性情無
心]'38라는 말을 내뱉는 데까지 갔으니 무엇을 더 바라겠습니
까? 그 당시에는 태평한 시절이 오래되었고 나라가 풍요롭고
백성도 넉넉하였으나39 대소 신료들은 나랏일을 염두에 두지
않고 방탕하게 멋대로 유희를 누리고, 사치를 즐기고 몸가짐
을 단속하기를 소홀히 하였습니다. 자신의 주장을 견지하는

---

38 이 말은 성종 13년(1482)에 성종 앞에서 예조판서 이파李坡가 여러 신하들이
강론하고 술을 마신 자리에서 했던 말이다. 당시에 윤필상尹弼商 등이 이파
에게 성리학의 주요 개념인 '심心, 성性, 정情' 각각의 개념에 대해 물었고, 성
종은 대답을 잘못하면 벌주를 내리겠다고 했다. 이파의 '성과 정에는 심이 없
다'는 말을 들은 이극기李克基는 "심이 성과 정을 제어하는데 어찌 심이 없으
면서 성, 정이 있을 수 있겠습니까? 이것은 잘못 대답한 것입니다[心統性情, 烏
有無心, 而有性情乎? 此失對也]"라고 반박하였다. 하지만 이 논쟁은 당시에 강
독과 술자리가 함께 이루어졌고, 임금이 벌주를 내리겠다는 말을 한 정황으로
보아 심각한 논쟁 상황은 아니었던 것으로 보인다. '심통성정心統性情'이라는
성리학의 기초 개념에 대해 예조판서 이파가 무지했다고 보기 어려우므로 다
른 맥락으로 '성과 정에는 심이 없다'고 말한 것으로 보인다.

39 조선 개국 이래로 북방 오랑캐와 남해안의 왜구들이 침범하는 국지적인 침범
과 토벌은 있었지만 대규모 전쟁은 없었다. 이렇다 보니 국가 관료뿐만 아니
라 백성도 기강이 해이해진 것이다.

것을 싫어하고 부화뇌동하기를 좋아하니 큰일을 할 임금을 만났음에도 융성한 통치와 교화는 없었습니다. 그렇게 전해 내려온 풍속이 오늘날에 와서는 폐단이 되었습니다. 뜻이 있는 선비가 다시 여기에서 또 한탄하는 것입니다.

중종(中宗 재위 1506~1544) 임금께서는 잔학했던 연산군(燕山君 재위 1494~1506)을 이어 왕위에 올라 정신을 가다듬고 좋은 통치를 도모하시고 측석(側席 임금이 상석을 비워두고 현자를 공손하게 기다리는 것)하면서 현자를 찾았습니다. 기묘년(己卯年 1519)에는 조광조(趙光祖 1482~1520) 같은 분이 계셨습니다. 그는 성리학에 조예가 깊어 임금에게 특별한 신임을 받았고, 그 또한 임금을 부모와 같이 사랑하고 자기 자신을 잊어가며 나라를 위해 목숨을 바쳤습니다. 어질고 뛰어난 인재들을 널리 불러들여서 임금의 총명함을 열어드리고 세상의 도를 다시 회복시켜 삼왕오제의 뜻을 추종하려는 의지가 있었습니다. 유림儒林들은 고무되고 백성도 우러러보았으니, 융성한 치적과 집집마다 표창할 인물이 나오는 세상을 머지않아 볼 수 있을 것으로 여겼습니다.

오직 아쉬운 점은 조광조 선생께서 세상에 너무 일찍 나오셔서 선생의 치용(致用 현실에 유용하게 쓰이는)의 학문이 오히려 크게 성취되지 못한 것입니다. 함께 일을 도모했던 사람들 중에는 진실로 충성스럽고 현명한 인재들이 많았지만 그 가운

데에는 명성을 좇는 선비도 섞여 있었습니다. 조광조 선생의 논의
는 지나치게 날카로웠고 일을 점진적으로 해나가는 경우가 없었
으며 임금을 바로잡는 것을 가장 근본으로 여기지 않고 문구(文具
법조문만을 갖추는 것)를 우선시하였습니다. 간사한 무리들이 이를
갈며 기회를 노려 해치려는 것을 모르고 밤에 신무문(神武門 경복
궁의 북문)이 열리자 여러 현자들이 모두 그물에 걸려버렸습
니다.[40] 이때부터 선비들의 기가 꺾이고 나라의 맥이 거의 끊
겼습니다. 여기에서 뜻 있는 선비의 한탄이 더 깊어졌습니다.

　하지만 사람의 마음은 본디 선하고 공론(公論 공정한 논의 혹
은 여론)은 없애기가 어렵습니다. 기묘사화의 주역인 남곤南袞
과 심정沈貞의 기세가 사그라지자 선비들 중에서 올곧은 논의
가 일어나 기묘년의 사림들을 다시 존숭하였습니다. 그리하
여 중종 말년에는 학문에 조예가 깊은 선비들이 조정에 꽤 많
이 들어왔습니다. 당시에 인종(仁宗 재위 1544~1545)께서 왕
세자의 신분으로 동궁(東宮 세자가 거처하는 궁궐)에서 덕을 기
르고 계셨습니다. 자질이 훌륭하다는 소문이 일찍부터 퍼져서

40　1519년의 기묘사화를 말한다. 공신들의 혜택을 삭감하고 자신들의 당파를 기
　　른다는 혐의를 받은 조광조와 그의 일당인 기묘사림들은 중종 14년 중종의 밀
　　지에 의해 하옥당한 뒤 일부는 사형당하고 일부는 귀양을 간다. 중종은 반정으
　　로 왕이 되었기 때문에 공신들의 불만과 정국의 불안을 큰 위협으로 느꼈다. 따
　　라서 조광조에 대한 신임이 두터웠음에도 기묘사화를 단행한 것이다.

수많은 백성이 감격하고 존경하기를 마치 가뭄에 비구름처럼 바라보았습니다. 그러다가 하루아침에 즉위하시자 사방 사람들이 이를 반기었습니다. 상을 당하셔서 죽만 드시고 얼굴은 흙빛이 되셨고, 명령을 내리지 않으시고 몸소 실천하시는 교화를 나라 곳곳에 베푸셨습니다. 많은 현명한 자들은 인종의 성덕과 명민함을 믿고 삼대의 통치[三代之治]가 머지않아 다시 이 땅에 실현되리라고 여겼습니다. 어찌 하늘이 우리 임금을 돌보지 않고 앗아갈 것을 생각했겠습니까? 간악하고 흉악한 자들이 권세를 잡고 선량한 사람들을 죽이고 반역이라는 구실을 세워 함정을 만들었으니 선비들 중에 조금이라도 학식이 있는 사람들은 결코 이 덫을 벗어날 수가 없었습니다. 이 을사사화(乙巳士禍 1545)는 나라를 망하게 만들 만했지만 국운이 면면히 이어진 것은 참으로 선조들이 덕을 많이 쌓은 덕분입니다. 뜻 있는 선비의 한탄이 여기에서 극에 달했습니다.

명종(明宗 재위 1545~1567)은 영민하고 조숙하여 조금도 덕을 잃는 행동을 하지 않았는데 이기李芑와 윤원형尹元衡 등의 무리가 임금의 총명함을 가려서 현자들에게 해를 가하고 나라를 그르치는 결과를 낳았습니다. 그리하여 충신들이 하고 싶은 이야기를 입 밖으로 내지 못하고 길에서 만나도 눈으로만 인사한 것이 20년이나 되었습니다. 그런데 하늘이 임금의 마음을 움직여 시비를 판단하게 하여 윤원형이 죗값을 치르고 사림 세력이 다시 소생하니, 마치 '소인이 군자를 제거한 후에 다시 봄의 양기가 회복되는 것'을 거의 볼 것 같았습니다.[41] 사직이 불운하여 명종께서 돌아가시니 백성은 상을 당한 것처럼 느끼고, 온갖 신神들은 제사를 지내줄 사람을 잃었습니다.

지금 우리 임금께선 명종께서 남기신 말씀을 공경히 받들어 익실(翼室 별전)에서 상을 치르시며 물려주신 중임을 이어받아 신과 사람이 바라는 것을 만족시키려 하십니다. 성덕聖德이 날로 드러나고 임금의 직무에도 어긋나는 것이 없습니다. 지금이야말로 뜻 있는 선비들이 큰일을 할 때입니다.

지금 나라의 형세는 기절한 사람이 겨우 소생한 것에 비유할 수 있습니다. 온갖 맥脈이 안정되지 않았고 원기도 회복되지 않아서 서둘러 약을 투여해야 살아날 것 같습니다. 그런데도 어떤 사람은 약을 쓰지 않아도 된다고 여기고는 앉아서 자연 치유되기를 기다립니다. 그리고 어떤 사람은 좋은 약이 필요하다고 여기면서도 어떤 약을 써야 할지 몰라 팔짱을 끼고 주변을 둘러보기만 하고 어떤 계책도 내놓지 못합니다. 이렇게 되면 나라가 마치 큰 병을 치른 후에는 감기에 쉽게 걸리

---

41 율곡은 소인들이 군자들을 몰아내는 상황과 전세가 역전되어 군자들이 다시 등장하여 세력을 키우는 모습을 《주역》의 박剝 괘와 복復 괘를 사용하여 묘사하고 있다.
〈깊이 읽기 05〉 참조.

율곡의 상소

는 것처럼 앞으로 치료하지 못할 중병이 생겨서 결국 죽음에 이르고 말 것입니다. 나라의 형세가 꼭 이러하니 고기를 먹는 사람들, 즉 고위 관직자들이 크게 경각심을 가지고 나라를 치유할 방도를 생각해야 하지 않겠습니까?

그중에서도 간악한 자들을 물리치고 어질고 유능한 인재들을 등용하는 일이 중요한 이유는 그것이 오랜 폐습을 없애고 전에 없던 혜택을 베풀어서 민생을 구제하는 일이기 때문입니다. 지금은 그렇게 하지 못하고 있는 데다가 남곤·김안로金安老·이기·윤원형이 나라를 그르친 폐습이 여전히 남아 다 씻어내지 못했습니다. 백성을 모질게 괴롭힌 가혹한 제도들이 개혁되지 못했고, 눈앞의 무사평안만을 찾고 일하기를 싫증 내며 나랏일에 대해서 건의나 제안이 없는 것이 마치 '조참曹參이 소하蕭何가 만들어 놓은 제도를 답습한 것'[42]과 같습니다. 이것은 온 나라를 잊어버리고 방치하는 것입니다. 이러면 군자라는 사람도 결국 소인과 별 차이가 없게 되니,[43] 아래에서 백성이 곤궁함에 시달리는 것과 위에서 하늘이 진노하는 것이 어떻게 이상한 일이라 치부하겠습니까?"

---

42 조참과 소하는 모두 한나라의 재상인데, 조참은 소하의 뒤를 이어 재상이 되어 소하가 만들어 놓은 제도를 그대로 따랐다.

43 군자는 소인을 이끌어서 계몽해야 하는데, 정치 개혁을 하지 못해 폐단이 지속된다면 군자라는 사람도 결국 소인과 별 차이가 없게 된다는 말이다.

조선시대 4대 사화

율곡은 조선 초에 있었던 네 번의 사화 때문에 사림의 사기가 꺾였고, 국가는 많은 인재를 잃었으며, 조정 관료들도 그 여파로 인해 주눅이 들어 감히 진취적으로 정치를 바꾸려 하지 않게 되었다고 보았다. 하지만 그 와중에도 사림의 명맥은 끊기지 않고 이어져 그 싹이 점점 자라난 것은 불행 중 다행이라고 생각했다.

사화는 여러 정치 세력들이 권력을 쥐기 위해 투쟁한 역사였다. 율곡은 사화가 네 번이나 일어나면서 조선의 명맥이 죽다 살아났다고 보고, 개혁을 하지 않으면 곧 나라의 숨통이 끊길 것으로 보았다. 그래서 사화를 교훈으로 삼아 나라의 잘못된 제도를 개혁하고 소인들의 무리가 더 이상 정치권에 발을 들여놓을 수 없게 막을 방안들을 〈동호문답〉에서 제시하였다.

그럼 조선시대에는 어떤 사화들이 있었는지 알아보자.

4대 사화	발생 시기	특징
무오사화	1498년(연산군 4)	훈구파 대 사림파의 갈등
갑자사화	1504년(연산군 10)	궁중파 대 부중파의 갈등
기묘사화	1519년(중종 14)	조광조 등의 신진 사림 대 공신·대신의 갈등
을사사화	1545년(명종 즉위년)	외척 간의 권력 투쟁

무오사화戊午士禍

성종 대에 성장한 사림 세력은 삼사(三司 간쟁, 탄핵 등을 담당한 사헌부, 사간원, 홍문관을 말함)에 많은 세력을 두고 있었는데, 이들은 종종 훈구파들을 소인배라고 비판하였다. 사림에게 모욕을 당한 중도파인 이극돈李克墩은 사림파에 원한이 있던 류자광柳子光과 함께 사림파를 공격하기로 모의한다. 류자광은 연산군에게 상소를 올려 사관 김일손金馹孫이 그의 스승 김종직의 〈조의제문弔義帝文〉을 사초史草44에 실은 것과 그것이 세조의 정변(계유정란)을 빗댄 내용이라고 비판한다. 〈조의제문〉은 항우에 의해 쫓기다가 강물에 투신하여 자결한 초나라 의제義帝를 추모하는 글인데, 세조의 정변을 비꼬는 내용으로 여겨졌고, 이는 곧 세조와 연산군의 정통성을 부정하는 것으로 비쳤기 때문이다. 이 사화로 김일손 일파 등 많은 사림들이 처형, 유배, 파면당하였고, 김종직은 시신을 꺼내서 목을 베는 부관참시형을 당했다.

갑자사화甲子士禍

무오사화 6년 후에 발생한 갑자사화는 왕실의 인척이었던 임사홍任士洪이 연산군의 처남 신수근愼守勤과 의논하여 연산군

---

44 실록의 저본이 되는 자료로 사관이 기록한 것이다.

에게 생모인 윤씨尹氏가 폐출되어 사사賜死된 사실을 밀고한 것이 계기가 되어 일어난 사화인데, 그보다 궁중과 결탁한 세력과 의정부와 육조에 포진한 세력 간의 갈등이 직접적인 원인이었다. 연산군은 생모 윤씨를 참소했던 성종의 후궁 엄씨嚴氏와 정씨鄭氏를 죽이고, 이런 폭행을 나무라던 인수대비仁粹大妃를 머리로 들이받아 부상을 입혔다. 또, 성종 때 윤씨 폐출에 찬성했던 윤필상尹弼商, 이극균李克均, 김굉필金宏弼 등을 처형하고, 이미 사망한 남효온南孝溫, 한명회韓明澮, 정창손鄭昌孫, 정여창鄭汝昌, 한치형韓致亨, 어세겸魚世謙, 심회沈澮, 이파李坡 등은 부관참시형에 처했다.

무오사화가 김종직 일파 및 삼사에 대한 처벌이자 경고였다면 갑자사화는 신하 전체에 대한 국왕의 참혹한 폭력이었다. 규모 면에서도 두 사화는 달랐다. 무오사화는 50여 명의 신하가 처벌을 받았고, 갑자사화는 300여 명의 신하가 사형, 유배, 부관참시형을 받았다.

기묘사화 己卯士禍

1519년 조정의 구세력인 남곤南袞, 심정沈貞, 홍경주洪景舟, 김전金詮 등이 중종의 밀지를 받고 조광조, 김식金湜 등 신진 사림파를 조정에서 몰아내고 처형, 유배시킨 사화이다.

반정(1506)으로 왕이 된 중종은 집권 초기에 권한이 미약했고, 국정은 공신들이 주도하였다. 집권 10년쯤이 지난 후에 중종은 자신의 영향력을 넓히기 위해 사림파를 지지하고 중용하였다. 사림파들은 자신들 스스로의 노력과 왕의 지지 속에 세력을 크게 성장시킨다. 조광조를 중심으로 한 신진 사림들은 도학 정치를 실현하기 위하여 급진적인 개혁을 단행하고 공신 및 대신들을 비판하였다. 그러나 이들은 정국공신들의 이익을 침해하여 그들의 분노를 샀다. 그런 데다 월권행위까지 빈번히 행하자 중종은 조광조 일파에 염증을 느끼고 사화를 단행한다. 정국공신들 중에서 자격이 없는 사람의 토지와 노비를 환수한 위훈삭제 사건이 사화의 도화선이 되었다. 이 사건으로 분노한 대신들은 조광조 등의 무리를 중상 모략하여 결국 사화가 일어나게 되었다.

위훈삭제 사건으로 인해 불만이 극에 달한 대신들은 술수를 써서 중종의 마음을 움직였다. 그들은 나뭇잎을 가져다가 그 위에 '주초위왕(走肖爲王)'이라는 모양으로 꿀을 발라서 그것을 벌레가 파먹게 한 다음, 왕에게 보여주었다. 주走와 초肖를 합치면 조광조의 성인 '조趙' 자가 되어 '조광조가 왕이 되려 한다'는 말이 된다. 결국 중종은 암암리에 명령을 내려 홍경주, 남곤, 심정 등이 중종 14년 11월 15일에 조광조 등 사림파를 체포, 하옥하였다. 조광조, 김정金淨 등 70여 명은 사약을 받고 나머지는 중형을 받았다.

사화 이후에 사림파는 크게 위축되었고, 대신들은 사림파의 개혁 성과를 제거해나갔다. 기묘사림이 시도했던 개혁은 모두 수포로 돌아갔고 사림파는 향촌에 은거하며 세력을 다지는 방향으로 처신했다.

을사사화 乙巳士禍

명종 즉위년인 1545년에 일어난 을사사화는 외척 간의 갈등을 계기로 발생했다. 이로 인해 사림이 옥사를 당하고, 소윤이 대윤을 몰아내게 되었다. 이 사화는 왕위 계승을 두고 벌인 외척 간의 권력 투쟁, 그리고 사림파에 대한 훈구파의 공격이라는 성격을 띤다.

중종의 제1계비 장경왕후章敬王后 윤씨는 인종을 낳았고, 제2계비인 문정왕후文定王后 윤씨는 명종을 낳았다. 왕세자였던 인종의 외삼촌인 윤임尹任(대윤大尹)과 경원대군(명종)의 외삼촌인 윤원형尹元衡(소윤小尹) 간에 갈등이 있었는데 사림파는 그중 대윤 측을 옹호하였다. 사림파가 화를 당하게 된 계기가 바로 대윤 측을 옹호했기 때문이었다.

인종 즉위 후에 기묘사림이 다시 정계에 복귀하기 시작하였다. 사림 세력이 성장하는가 싶더니 마침 인종이 8개월 만에 죽고 당시 11세였던 명종이 즉위하였다. 어린 명종을 대신해 문정대비가 수렴청정을 하게 되자 조정 실권은 소윤에게로 넘어가고 소윤 윤원형은 윤임과 그 지지 세력을 처단하기 시작했다.

문정대비의 비호 아래 소윤의 주요 인물인 이기, 윤원형 등은 중추부지사 정순붕鄭順朋, 호조판서 임백령林百齡, 공조판서 허자許磁 등과 합세하여 윤임, 류관柳灌, 류인숙柳仁淑 등이 명종이 아닌 다른 왕자에게 왕위를 받게 하려 했다는 죄명으로 무고하여 탄핵한다. 결국 윤임, 류관, 류인숙은 사사된다. 소윤 일파는 그에 만족하지 않고 더 강하게 몰아붙여 각종 음모를 꾸며내 정적들을 중상모략하였고, 대윤 일파 및 사림 100여 명이 화를 입었다.

이후 논공행상에서 을사사화 때 공이 있다고 평가된 신하들에게 공신을 내렸는데 정순붕, 이기, 임백령, 허자, 윤원형 등 29명이 공신 칭호를 받았다. 이들이 바로 위사공신衛社功臣이다. 이후 위사공신에 대한 사림파의 비판이 거세지자 선조 10년에 공신 책봉이 취소되었다. 율곡도 〈동호문답〉에서 이들 위사공신들은 모두 간악한 무리이며 죽여도 용서받지 못할 자들이라고 강하게 비난했다.

《주역》의 괘로 본 소인과 군자의 형상

산지박 山地剝
소인이 득세하여 군자를 박해하는 형상

위 박剝 괘에서 반으로 잘린 작대기들은 음陰과 소인小人을 상징하고, 맨 위에 있는 온전한 작대기는 양陽과 군자君子를 상징한다. 이 전체의 형상은 소인의 세력이 점차 커져서 맨 위에 홀로 있는 군자를 박해하고 몰아내는 형상이다. 그러나《주역》에서는 소인이 득세하여 군자를 박해하면 양이 사라져서 소인만 남는 형상(곤坤 괘)이 되는 것이 아니라고 보았다. 양陽, 즉 군자는 없어질 수 없다고 본 것이다. 그래서 양이 다시 밑에서 자라나는 형상이 되는데, 이것이 바로 복復 괘이다. '복'이라는 말에 회복이라는 의미가 있는 것처럼 이 괘는 양, 즉 군자가 다시 회복하는 형상이다. 소인이 득세한 시대가 성한 이후에 다시 군자 득세하는 시대가 온다는《주역》의 가르침을 율곡은 굳게 믿었다.

지뇌복 地雷復
군자의 세력이 점차로 자라나는 형상

06

지금의 시대 정세에 대하여

[나라가 잘될 조건과 잘되지 않을 조건]

손님이 말하였다.

"하·은·주 삼대에 행해진 이상적 통치가 과연 오늘날에도 다시 실현될 수 있겠습니까?"

주인이 말하였다.

"실현될 수 있습니다."

손님이 입을 크게 벌리고 웃으면서 말하였다.

"어떻게 그렇게 장담하십니까? 왕도王道가 세상에 행해지지 않은 것이 이미 한나라 때부터였는데, 더군다나 지금 사람들은 아주 한나라 사람들만 못하지 않습니까?[45] 우리나라는 기

---

45 조선시대의 유신들은 요순시대를 왕도가 행해진 이상적인 시대로 보고, 후

자箕子 이후로는 다시 좋은 정치가 없었고 오늘날의 풍속을 살펴보면 분명히 전 왕조만도 못합니다. 만일 소강少康[46] 사회 정도를 추구한다면 될 듯도 하지만 자신의 도道를 행하고자 한다면 한갓 처사의 큰소리 정도가 될 뿐입니다."

주인이 낯빛이 변하면서 말하였다.

"아쉽습니다! 선생의 말씀이 너무 지나쳐서 마치 '수레를 모는 말이 혀를 따라잡을 수 없는 격'[47]입니다. 만일 선생의 말씀대로 행하면 장차 천하 사람들을 괴이한 지경으로 인도할 것이 분명합니다. 왕도가 세상에 행해지지 않은 것은 단지 임금과 재상이 그 지위에 적합한 사람이 아니기 때문이었을 뿐입니다. 어찌 시대가 점점 더 나빠져서 회복하려고 해도 할 수 없는 것이겠습니까? 그 지위에 걸맞은 임금과 재상이 있으면

의 한·당 대는 그보다는 못한, 그럭저럭 잘 다스려진 시기로 본다. 그러나 한나라와 당나라의 정치, 군주, 신하들과 자신들을 종종 비교하며 자신들의 시대는 오히려 그만도 못하다고 자조하기도 한다. 즉, '요순시대는커녕 한·당도 못 될까 두렵다'와 같은 의식이 있었던 것이다.

46 《예기》에 나오는 말로, 요순시대와 같은 이상적 사회인 대동大同 사회보다 조금 못한 사회를 말한다. 그럭저럭 다스려지는 사회라는 의미도 있다. 유가가 지향하는 왕도정치의 수준에는 못 미치는 정치 상태를 주로 가리킨다.

47 원문은 '駟不及舌'로 《논어》〈안연顏淵〉에 나오는 말이다. 수레를 모는 네 필의 말도 혀를 따라잡을 수 없을 정도로 말이 생각 없이 빨리 나왔다는 뜻으로, 이는 실언했음을 비판하는 말이다.

그런 때가 곧 이상적인 통치가 실현될 수 있는 시대입니다. 정자께서는 '그러한 사람이 없기 때문이지 어찌 그러한 때가 없겠는가?'라고 하셨습니다. 어떤 일을 하면 반드시 이에 따르는 결과가 있습니다. 어떤 일을 했는데도 결과가 없는 것은 예부터 지금까지 본 적이 없습니다.

또 선생께서 오늘날의 풍속이 전 왕조에 못 미친다고 하셨는데 절대 그렇지 않습니다. 고려의 풍속은 오랑캐의 습속을 벗어나지 못했지만 우리 왕조는 예禮로 백성을 다스리기에[48] 자못 수려한 풍속이 있습니다. 가령 상례(喪禮 죽은 사람을 장사 지내는 예식)를 행할 때 《주자가례朱子家禮》[49]를 따르는 것과 여성이 하나의 지아비에게만 시집가는 것[50] 등이 그런 것들입니다. 어찌 고려만 못하다고 말할 수 있겠습니까?

---

48 유가에서 지향하는 수준 높은 정치는 예와 음악으로 다스리는 것이다. 이와 반대로 형벌과 강압으로 하는 정치는 낮은 수준의 정치이다.

49 《주자가례》는 관혼상제 등 집안에서 시행하는 예식의 제도와 절차를 간명화한 저술로 송대 주희에 의해 만들어진 저작이다. 그러나 주희의 저작설에 대해서는 논란이 있다. 유학을 정치 이념으로 하여 개국한 조선 왕조는 《주자가례》를 사대부와 서민에게 보급하는 일을 중대 과제로 삼았다. 《주자가례》를 국가적으로 보급하며 장려한 것은 불교나 민간신앙적인 생활 관습을 대체하여 유교적 의례를 시행하기 위함이었다.

50 예치 국가의 건설과 열녀를 권장하는 풍속 두 가지의 예는 조선 사회에 성리학이 자리 잡았음을 의미한다. 그렇기 때문에 율곡은 고려 때보다 조선이 나은 점이 있다고 본 것이다.

오늘날 나라가 잘될 수 있는 경우가 두 가지이고, 잘되지 않을 경우가 두 가지 있습니다. 어떤 경우를 잘될 경우라고 하겠습니까? 높은 자리에 성명(聖明 도덕적으로 완벽하고 지혜로운)한 임금이 있는 경우가 그중 하나입니다. 그 밑에 권력을 자기 멋대로 휘두르는 간신이 없는 것이 다른 하나입니다. 그렇다면 어떤 경우가 나라가 잘되지 않을 경우이겠습니까? 하나는 사람들의 마음이 잘못된 데로 빠진 지 오래되었다는 것이고, 다른 하나는 선비들의 사기가 심하게 꺾인 것입니다."

손님이 말하였다.

"상세히 듣고 싶습니다."

주인이 말하였다.

"주상께서는 용안龍顏이 수려하게 뛰어나고 도덕적 자질이 좋고 지혜롭고 과감성이 있고 총명하고 배움을 좋아하고 공손하고 검소하며 선비를 아끼십니다. 두 대비[51]께 효성을 지극히 다하시고 온갖 정무에 세심하게 마음을 쏟고 계시니 진실로 불세출의 성군이십니다. 통치의 도道가 바로 서지 않을까 하는 걱정은 단지 적합한 임금이 없었을 때뿐입니다. 이러

51　인성왕후仁聖王后와 인순왕후仁順王后를 말한다.

한 임금이 있다면 어찌 다스려지지 않을 것을 걱정하겠습니까? 이것이 나라가 잘될 첫 번째 경우입니다.

　예부터 임금들 중에 어떤 사람은 비록 통치의 도에 뜻을 두었지만 만약 권신(權臣 권세를 쥔 신하)이 국정을 자기 멋대로 하고 임금을 위협한다면 큰일을 이루고자 하여도 도모할 방도가 없습니다. 지금 우리나라는 사병私兵을 혁파한 후[52]에 권신이란 자들은 임금의 총애를 믿고 위세를 부리더라도 감히 임금을 능멸하거나 법을 위반하지는 않았습니다. 간사한 남곤, 사악하고 음험한 김안로, 흉악한 이기, 음흉하고 속이기 잘하는 정순붕, 약삭빠르고 해독한 윤원형, 반항적이고 망령된 이량李樑과 같은 자들이라도 임금이 부르면 오고 내치면 떠나는 것을 모두 임금의 명령에 따랐습니다. 더군다나 지금은 간신의 무리가 조정에 있지 않습니다. 임금께서 만약 큰일을 이루고자 하시면 누가 감히 나쁜 일을 일으킬 마음을 품겠으며, 누가 감히 임금의 귀를 현혹하겠습니까? 이것이 나라가 잘될 두 번째 경우입니다.

　'사람들의 마음이 잘못된 데로 빠진 지 오래되었다'는 말은

52　사병이란 개국 초 정치적으로 불안정한 시기에 종친과 공신에게 허락된 사적인 병사이다. 조선 초부터 병권의 중앙 집권화를 위하여 사병 폐지의 필요성이 제기되었고 정종 2년(1440)에 이를 공식화하였다. 이에 공신功臣 이거이李居易와 사병을 잃은 신하들은 격분하고 원망하였다.

무슨 말이겠습니까? 오늘날 보통 사람들은 늘 봐온 것은 익숙하게 여겨 괴의하다고 여기지 않는데 만약 '먼 곳에서 온 괴이하고 이상한 것'[53]이 있으면 반드시 모두 놀라고 손가락질하며 비웃습니다. 세상에 왕도가 행해지지 않은 지가 이제 수천 년이 지났습니다. 오늘날 왕도를 이해하고 존숭하려는 자가 몇이나 되겠습니까? 저 무지몽매하고 식견이 없는 무리들은 유속流俗[54]에 익숙해지고 관습을 편하게 여기기 때문에 갑작스럽게 왕도가 다시 세상에 행해지려는 것을 목격하면 반드시 놀라고 불편하게 생각하여 '먼 곳에서 온 괴이하고 이상한 것'이라고 볼 것입니다. 그뿐 아니라 온 나라 사람들이 분명히 멋대로 떠들어대고 상당히 소란스러울 것입니다. 그러니 주상께서 굳게 결심하는 것[55]이 유지된다고 보장할 수 없습니다. 어진 사대부 중에서도 작은 일에는 명철해도 큰일에 대해서는 서투르며 안정을 좋아하고 어지러운 개혁을 꺼리는 자들이 궐기하여 유속을 따를 것입니다. 책임을 진 사람들은 죄나 허물을 면하면 다행으로 여길 것이니, 어찌 큰일을 성취

---

53 이것은 중국에서 온 기자가 행한 왕도정치를 말하는 것으로 보인다. 먼 곳에서 온 것이고 또 기자가 처음 가지고 와서 행한 이후로 다시 한 번도 실현되지 못했기 때문에 이상하고 괴이하게 생각한 것이다.

54 율곡은 대신의 지위에 있는 구신을 유속이라고 불렀다. 유속들은 개혁을 꺼리는 수구 세력이었다. 율곡은 유속을 적으로, 사류士類를 동지로 인식했다.

55 도학 정치를 하려는 굳은 결심.

할 수 있겠습니까? 이것이 나라가 잘되지 않을 첫 번째 경우 입니다.

'선비들의 사기가 심하게 꺾였다'는 것은 무엇이겠습니까? 나라를 세운 초기에 인재 양성에 심혈을 기울인 것이 전 왕조보다 훨씬 두드러졌는데 연산군 때에 임사홍[56]이 위험한 생각을 품고 사림을 해치기 시작했습니다. 그럼에도 사림의 사기가 여전히 충만했는데 기묘년(1519)에 무자비하게 해를 입었습니다. 여전히 실오라기 같은 숨이 남아 있었으나 을사사화(1545) 때에 선비들의 기가 완전히 끊겼습니다. 그 이후로는 선을 행하는 것을 서로 경계하고 악을 행할 것을 서로 권면하였습니다. 만약 어떤 선비가 두각을 드러내고 조금이라도 보통 사람과 다르며 약간이라도 바른 말을 하면 아버지나 형에게 꾸지람을 듣고 이웃 사람들에게 배척당했습니다. 오직 애매한 태도로 일관하며 부귀나 탐하는 사람들이 좋은 음식과 안락한 생활을 즐기고 봉록과 작위를 누릴 수 있었습니다. 조정의 대소 신료들은 나라를 걱정하고 임금을 사랑하는 마음이 없는 것은 아니지만 벌벌 떨며 기묘사화와 을사사화를 다

---

56 임사홍(任士洪 1445~1506)은 1504년 갑자사화의 주모자이다. 두 아들이 각각 예종과 성종의 사위였다. 이렇게 임사홍은 왕실과 혼인 관계를 맺으며 자신의 권력을 더욱 공고히 하였다. 연산군 때까지 권세를 누리다가 1506년 중종반정 이후 처형당했다.

시 겪게 되지는 않을까 염려하여 감히 자신의 견해를 내서 올바른 기풍을 북돋지 못했습니다. 그들은 단지 여우처럼 의심하고 쥐처럼 눈치만을 보면서 유속을 도울 뿐입니다. 이것이 나라가 잘되지 않을 두 번째 경우입니다.”

손님이 말하였다.

“나라가 잘되지 않을 형세가 이렇다면 삼대의 이상적인 통치를 다시 실현하고자 하여도 지금은 때가 아닐 텐데 선생께서는 어째서 실현할 수 있다고 보십니까?”

주인이 말하였다.

“나라가 잘 다스려지거나 그렇지 않음은 사람에게 달려 있지 때에 달려 있는 것은 아닙니다. ‘때’라는 것은 높은 자리에 있는 사람이 어떻게 하느냐에 달려 있습니다. 만약 우리 성상께서 의욕적으로 나서서 옛 도道를 다시 실현하고자 하신다면, 사람들의 마음을 잘못된 데에 빠진 상태에서 구원할 수 있고 선비들의 사기가 꺾인 것을 다시 일으켜 세울 수 있습니다. 어찌 때가 아니라고 말할 수 있겠습니까?!”

07

실질에 힘씀이
자기수양의 첩경임에 대하여

[실질적 수양이 훌륭한 정치를 만든다]

손님이 말하였다.

"주상께서 삼대의 이상적인 통치를 다시 실현하시고자 하시
면 무엇을 급선무로 해야 합니까?"

주인이 말하였다.

"뜻을 세우는 것보다 급한 일이 없습니다. 예부터 큰일을 하
려는 임금 중 먼저 자신의 뜻을 바로 정하지 않은 분이 없었
습니다. 왕도王道를 하리라 뜻을 세우면 요순 임금의 통치와
교화도 내 분수 안의 일이 됩니다. 패도霸道를 하리라 뜻을 세
우면 한漢·당唐 대 정도의 소강 사회에 이를 수는 있습니다.
그러나 옛사람들 말에 '부세賦稅를 가볍게 징수하는 법을 만
들어도 그 폐단은 도리어 탐욕스러워진다'57라고 하였습니다.
지금 만약 패도에 뜻을 두고 정치를 한다면 규범과 제도가 반

드시 한나라와 당나라에 못 미치는 수준에 그칠 것입니다. 이렇다면 어찌 뜻 있는 선비들이 한탄하지 않겠습니까?

궁리(窮理 이치를 궁구하는 것)와 진성(盡性 하늘로부터 받은 본성대로 사는 것)에 뜻을 두면 구차하고 작은 성취에 관한 담론은 안중에 들어올 수 없을 것입니다. 신민(新民 백성을 새롭게 하는 것)[58]에 뜻을 두면 과거의 규준을 지키자는 유속의 말도 주상을 얽맬 수 없을 것입니다. 아내에게 모범이 되는 것에 뜻을 두면 궁녀나 내시가 모시는 잔치의 쾌락이 마음을 움직이지 못할 것입니다. 검소한 삶에 뜻을 두면 멋진 가마나 궁실이 마음을 흔들지 않을 것입니다. 널리 혜택을 베풀고 민중을 구제해주는 데에 뜻을 두면 한 명의 백성이라도 그 혜택을 받지 못할까를 자신의 걱정거리로 삼을 것입니다. 예악禮樂을 바로잡

---

57 율곡은 제도가 처음 시행될 때 훌륭한 뜻을 두고 시작되더라도 폐단이 생겨날 수 있다는 점을 지적하였다. 이 말은 《춘추좌씨전春秋左氏傳》〈소공昭公〉 4년에 나오는 말로, 자관子寬이 정나라 재상 자산子産을 두고 한 말이다. 자관은 '국씨(자산)가 먼저 망하겠구나! 군자가 부세를 가볍게 징수하는 법을 만들어도 그 폐단은 오히려 탐욕스러워지는데, 탐욕스러운 법을 만들었으니 장차 그 폐단을 어찌할꼬?'라고 했다. 이런 말을 한 배경은 다음과 같다. 자산이 구부제도丘賦制度라는 부세 제도를 통해 토지에서 별도의 세금을 부과하자 백성이 원망하였다. 이런 원망을 자관이 자산에게 전하자 자산은 '백성은 만족하게 해서는 안 되고 법제는 함부로 바꿔서는 안 된다'고 하며 자신의 정책을 고수한다. 이런 말을 듣고 자관이 위와 같이 말한 것이다.

58 《대학》에 나오는 용어. 자기수양과 통치를 위한 삼강령, 즉 1) 명명덕明明德 2) 신민新民 3) 지어지선止於至善 중 하나이다.

고 전파하는 일에 뜻을 두면 한 가지 정무라도 옛 도道에 합치
하지 않을까를 걱정거리로 삼을 것입니다. 주상께서 성심껏 이
런 것들에 뜻을 두신다면 성인聖人을 본보기로 삼으셔야 합니
다. 성인을 본보기로 삼으시고 반드시 그들로부터 배운 후에
야 삼대의 이상적인 통치가 다시 실현될 수 있습니다."

손님이 말하였다.

"뜻이 이미 섰다면 무엇을 해야 합니까?"

주인이 말하였다.

"뜻을 세운 후 실질에 힘쓰는 것[務實]만큼 중요한 것이 없습
니다."

손님이 말하였다.

"무슨 말입니까?"

주인이 말하였다.

"아침 내내 밥상을 차렸는데 배부르게 먹지 못한 것처럼, 공
허한 말은 실질이 없으니 어찌 일을 이룰 수 있겠습니까?[59] 오

---

59 밥상을 차렸다는 것은 정책에 대한 토론과 좋은 건의들이고, 배부르게 먹지
    못했다는 것은 그것들이 시행되어 결과를 보지 못했음을 비유한 것이다.

늘날 경연에서 행해진 토론, 상소문, 왕께 올리는 문장 중에 나라를 다스리기에 충분한 훌륭한 제안이나 직언이 없는 것은 아닙니다. 그럼에도 단 하나의 폐단도 개혁되지 못했고, 단 하나의 정책도 시행되지 못한 이유는 다만 실질적인 효과를 보는 것에 노력을 기울이지 않았기 때문입니다. 오늘날 우리 주상께서 통치를 잘 해내어 옛 도道를 다시 실현하고자 하신다면 실질적인 효과를 보는 것에 노력을 기울이셔야 하고 문구(文具 법조문만을 갖추는 것)를 일삼아서는 안 될 것입니다.

격물치지를 하고자 한다면 어떤 사람은 독서하면서 거기에 나타난 의리(義理 도덕법칙)를 생각하고, 어떤 사람은 어떤 일을 대면했을 때 거기에 나타난 시비를 생각하고, 어떤 사람은 과거 인물들에 대해 논평하면서 그들의 행위의 옳고 그름을 판가름하고, 어떤 사람은 옛 역사를 하나하나 살펴가며 득과 실을 찾습니다. 한 마디 말과 한 가지 행동에 대해서 모두 그것이 이치에 합치하는지 아닌지를 생각해야 합니다. 또, 반드시 마음이 명백하고 확실해져 어떤 물(物 사물 또는 사건 또는 타인)이라도 궁구되지 않은 것이 없도록 해서 격물치지의 실질을 모조리 얻어야 합니다.

성의誠意[60]하고자 한다면 여색을 좋아하듯 선善을 좋아해야

___

60 뜻을 성실하게 한다는 의미, 즉 품은 뜻을 참되게 한다는 뜻이다. 때로는 '진

율곡의 상소

선을 얻을 것이고, 악취를 싫어하듯 악惡을 미워해야 과감히 악을 제거할 수 있습니다. 고요히 정적 속에 있거나 은거할 때에도 깨어 있고 긴장하기를 늦추지 않고, 남들이 보지 않고 듣지 않는 상황에 있더라도 삼가고 조심하기를 잊지 않아야 합니다. 어떤 생각이 나오기 시작할 때에도 지극한 성실함에서 나오지 않는 것이 없도록 잘 통제하여 성의의 실질을 모조리 얻어야 합니다.

정심正心[61]하고자 한다면 한쪽으로 치우치지 말고 기대지도 말아서 마음의 체(體 본질, 기준)를 세우고, 지나침이나 모자람 모두 없게 하여서 마음의 용(用 쓰임)을 어디에나 적용해야 합니다. 깨어 있어서 몽매하지 않아 마음의 본디 밝음을 온전하게 해야 합니다. 마음을 안정시키고 어지럽히지 않아서 마음의 본디 고요함을 지켜야 합니다. 마음이 확 트여 크게 공명정대하게 되면 물(物 사물 또는 사건 또는 타인)이 나와 만났을 때 내 마음에 걸림이 없게 됩니다. 그렇게 해서 정심의 실질을 모조리 얻어야 합니다.

수신修身[62]하고자 한다면 의관을 바르게 하고, 음악과 여색

심 혹은 정성을 다한다'라는 의미로 해석되기도 한다.

61 마음을 바르게 하는 것을 말한다.

62 자기수양을 말한다.

을 멀리하고, 유람 즐기기를 그만두고, 태만한 기운이 몸에 배지 않도록 해야 합니다. 천하거나 도리에 어긋난 말을 입 밖에 내지 않고, 법도를 따르고, 예禮가 아닌 행동은 무엇이든지 행하지 않아야 합니다. 그렇게 해서 수신의 실질을 모조리 얻어야 합니다.

효친孝親[63]을 하고자 한다면 두 대비[64]를 성심을 다해 우러러 받들고 친밀함을 나누고 둘 사이가 벌어지지 않도록 합니다. 간사하고 말 잘하는 이들을 끊고, 부드러운 얼굴빛으로 모시며, 모실 때 공경하고 삼가는 태도를 취해서 정신이 서로 부합하고 기맥이 서로 통하게 해야 합니다. 그리고 종묘에서 예를 거행할 때는 지극한 공경과 삼감의 태도로 임하되 수많은 절차를 급선무로 삼아서는 안 되며 오로지 선조께 마음을 드리는 것을 기본 마음가짐으로 삼아야 합니다. 그렇게 해서 효친의 실질을 모조리 얻어야 합니다.

치가治家[65]하고자 한다면 자기 자신이 가족 구성원들에게 가르침이 되도록 하고, 공경의 태도로 힘써 인도하고, 장중한 태도로 대하면서도 자애로움을 가지고 돌보아야 합니다. 그

---

63 부모님께 효도하는 것을 말한다.
64 인성왕후와 인순왕후를 말한다.
65 집안을 다스린다는 뜻으로 구체적으로는 친족 집단을 잘 교화하는 것을 말한다.

율곡의 상소

렇게 해서 후비(后妃 임금의 아내)들로 하여금 순일한 덕을 가지게 하고 궁중에 엄숙하면서 청명한 미덕이 깃들게 해야 합니다. 집안사람이 바깥사람과 내통하여 궁중의 비밀이 누설되는 폐단은 그 싹을 자르고, 내시 같은 천한 자들은 단지 물 뿌리고 청소하는 일만을 맡게 해야 합니다. 그렇게 해서 치가의 실질을 모조리 얻어야 합니다.

용현用賢[66]하고자 한다면 인재를 다방면으로 구하고 꼼꼼하게 살펴서 분명하게 시험해보고 환하게 관찰해야 합니다. 그 사람의 현명함이 과연 틀림이 없으면 그를 믿고 일을 맡기되 의심치 말아야 합니다. 밖으로는 군신 간의 의리(義理 마땅히 지켜야 할 도리)를 따르고 안으로는 부자간의 정으로 결속해야 합니다. 그로 하여금 재능을 맘껏 펼치게 하여 정성과 재능을 다 쓰도록 하면 해코지하는 말이 나오지 않고 온갖 정무가 제대로 다스려지니 나라가 복을 받고 백성도 자신들에게 맞는 행동을 하게 될 것입니다. 그렇게 해서 용현의 실질을 모조리 얻어야 합니다.

거간去姦[67]하고자 한다면 하는 말이 귀에 거슬리지 않는 자에 대해서는 도道가 아닌 것을 말하는지 살펴야 하고, 행적이

---

66 어질고 유능한 인재를 등용하는 것을 말한다.
67 간사한 인물을 조정에서 내쫓는 것을 말한다.

밝게 드러나지 않고 바르지 않은 자에 대해서는 그 행적에 은밀하게 숨기는 것이 있는지를 살펴야 합니다. 나랏일에 대해 건의가 없는 자는 나라를 걱정하는 뜻이 없음을 알아야 합니다. 작록(爵祿 벼슬과 녹봉)에 아쉬움이 있는 자는 환난에 목숨을 바칠 절개가 없음을 알아야 합니다. 도학道學을 좋아하지 않는 자는 장차 사림에 화를 입힐 것임을 알아야 합니다. 말은 논리적으로 잘하지만 마음이 유약한 자는 타인을 비방하는 것을 정직함으로 여기는 자임을 알아야 합니다. 하는 행동을 보고 그 의도를 살피고 무엇을 편안하게 여기는지를 살펴보아야 합니다. 과연 틀림없이 간사하면 그 경중에 따라 처벌하되 죄가 가벼운 자는 파직하고 죄가 무거운 자는 변방으로 귀양을 보내야 합니다. 그렇게 해서 거간의 실질을 모조리 얻어야 합니다.

보민保民[68]하고자 한다면 백성의 부모라는 것을 마음에 새기고 백성을 갓난아기처럼 봐야 합니다. 갓난아기가 기어가 우물에 빠지려고 하면 비록 원수지간이라도 그 집안을 멸족하려 하지 않는 한 놀라서 그 아기를 구하려고 할 것입니다. 더군다나 그 아기의 부모 마음이야 어떻겠습니까? 오늘날 갓난아기가 우물에 빠진 지가 오래되었습니다. 그런데도 여러 해가 지나도록 백성을 다친 사람처럼 여기며 세심하게 돌보

---

68 백성을 보살피는 것을 말한다.

는 정치가 없었습니다. 이것은 다른 이유 때문이 아닙니다. 바로 주상께서 백성의 부모 된 마음이 여전히 부족하기 때문입니다. 진정으로 백성의 부모라는 마음을 가지면 백성을 위하여 이익을 늘리고 피해를 없애기 위해 쓰지 않는 방법이 없을 것입니다. 그렇다면 백성이 어찌 곤궁에 처하고 야위겠습니까? 마땅히 나랏일을 걱정하고 근면히 정무를 보며 나라의 환란을 경계하고 생각하느라 밥 먹을 겨를도 없어야 합니다. 백성이 바라고 욕구하는 것을 잘 살펴서 그것을 이룰 수 있게 해주며 백성에게 폐단을 물어보아서 그것을 제거해주어야 합니다. 그렇게 해서 보민의 실질을 모조리 얻어야 합니다.

교화教化[69]하고자 한다면 먼저 임금께서 솔선수범하셔서 인애仁愛와 겸양의 풍속을 일으키시고, 공정한 길[公道]을 넓혀서 바른 기강을 일으켜야 합니다. 선악을 잘 분별함으로써 풍속을 변화시키며, 염치를 권면[70]하여 사대부들의 사기를 일으켜야 하고, 도학을 높임으로써 나아갈 방향을 정립하십시오. 제사 의례를 올바르게 밝혀서 번잡한 것들을 고치십시오. 이렇게 함으로써 신神은 위에서 감격하고 백성은 아래에서 함

---

69 가르쳐서 선으로 인도하다.

70 《명사明史》〈형법지刑法志〉에 나오는 말로, '옛날에는 사대부 이상은 형벌을 내리지 않고 염치(부끄러움)를 권면했다[古者刑不上大夫 以勵廉恥也]'라는 뜻이다. 부끄러움으로 죄를 반성하게 하여 다시 죄를 짓지 않게 하려는 것이다.

께하게 하십시오. 세상에 삼강三綱이 바로 서고 홍범구주洪範
九疇[71]가 베풀어져야 합니다. 그렇게 해서 교화의 실질을 모조
리 얻어야 합니다.

주상께서 실질에 힘쓰심이 정말로 이러한 수준에 이른다면
하늘이 기뻐하고 좋게 여기고 평화로운 기운이 가득 차서 재
앙이나 불운한 일들이 사라지고 경사스러운 일과 좋은 징조
의 일들이 거듭될 것입니다. 아아! 우리나라의 억만 년 미래
의 한없는 복은 꼭 주상께서 실질에 힘쓰느냐 아니냐에 달려
있습니다."

---

71 《서경》〈홍범洪範〉에 나오는 말로, 세상을 다스리는 아홉 가지 원리를 말한
다. 즉, 오행五行·오사五事·팔정八政·오기五紀·황극皇極·삼덕三德·계의稽
疑·서징庶徵·오복五福과 육극六極이 그것이다.

08

간사한 사람을 분별해냄이
현자를 등용하는 첩경임에 대하여

[인재를 가려내는 방법]

손님이 말하였다.

"주상께서는 홀로 나라를 다스릴 수 없고, 반드시 보좌할 만한 사람에게 도움을 받아서 치도(治道 나라를 다스리는 이법)를 성취할 수 있습니다. 보좌하는 책임을 어떠한 인재에게 주어야 합니까?"

주인이 말하였다.

"주상께서 큰 뜻을 세워 실효를 얻는 데에 힘쓰면 묘당(廟堂 조정)의 노성인(老成人 나이 든 덕 있는 신하)과 조반(朝班 조정에서 조회할 때 신하들이 서는 관직 서열에 따른 위치)의 밤낮으로 일하는 현자(賢者 어질고 유능한 인재)가 어찌 나와서 주상의 뜻에 응하지 않겠습니까? 뜻을 세우고 실질적인 것에 힘쓰며 자기수양을 하여 나라를 바르게 이끌려는 사람이 있으면 그런 사람이 바로 임금을 보좌할 인재입니다."

손님이 말하였다.

"조정 신하들 중에 비록 자기수양을 하여 나라를 바르게 이끌려는 사람이 있더라도 주상께서 그 사람이 과연 믿을 만한지 아닌지를 어떻게 알아볼 수 있습니까?"

주인이 말하였다.

"《주역》에 '구름은 용을 따르고 바람은 호랑이를 따른다'고 했습니다. 만약 모시기에 합당한 임금이 있으면 반드시 그에 합당한 신하가 있습니다. 옛날에 지혜롭고 도덕적으로 완벽했던 임금들은 큰일을 성취할 뜻을 이루고자 할 경우, 반드시 신하들을 두루 살펴보고 누가 어진지 아닌지를 깊이 관찰하여 어떤 이가 어질다는 것을 알게 되면 그와 함께하고 격의 없이 교제하였습니다. 그래서 간담상조肝膽相照[72]할 정도의 사이가 되어 과연 그 사람이 틀림없이 어질다고 여겨지면 그에

---

72 서로 간과 쓸개를 꺼내 보인다는 뜻으로, 숨기는 것이 없고 속 깊은 이야기까지 터놓고 이야기할 수 있는 교제를 말한다.

게 큰 임무를 주어서 소임을 완수하는 책임을 맡겼습니다. 우리 왕조의 선대 임금들도 집안사람이나 부자 관계처럼 신하들과 서로 친애하였기 때문에 신하들이 임금의 은덕에 감동하여 사력을 다해 보필하였습니다.

지금 주상께서는 오직 경연 자리에서만 어질고 유능한 선비들을 만나시고 예법을 엄정하게 따르고 말을 간략하게 하십니다. 신하들은 행렬에 따라 들어왔다가 무리를 따라 물러날 뿐이고 자신의 의중을 낱낱이 전달하기 어렵습니다. 이러하니 성상께서 명철(明哲 총명하고 사리에 밝다)하시더라도 어찌 신하들의 의중을 빠짐없이 살필 수 있겠습니까? 이처럼 전철前轍[73]을 고수하고 문구文具만을 일삼으시면 신하들 중에 누가 어진지 그렇지 않은지를 주상께서는 끝내 살피실 수 없게 됩니다. 그러면 어찌 인재를 얻어 정치를 해나갈 수 있겠습니까?

오늘날 필요한 방도 중에 급선무는 오래된 규정을 바꾸고 번잡한 의식을 간소화하는 것, 경연 외의 자리에서도 유신儒臣들을 만나고 허심탄회하게 도道와 정무政務에 관해 토론하는 것입니다. 주상께서는 침묵을 위의(威儀 위엄 있고 엄숙한

---

73 앞에 지나간 수레바퀴 자국이라는 뜻으로, 과거의 그릇된 일이나 행적을 비유한 말이다.

자태)로 여기지 마시고 신하들과 원활하게 소통하여서, 윗사람과 아랫사람 간의 뜻이 진실하고 의심이 없고 막힘이 없어야 합니다. 이렇게 하시면 바르지 못한 사람과 바른 사람 모두 '하늘의 굽어봄[天鑑]'을 피하기가 어려우니 등용과 내침이 임금의 권한으로 묵묵히 정해지고, 나아가 훌륭한 덕德을 이루는 데에도 큰 도움이 될 것입니다. 정자께서는 다음과 같이 말씀하셨습니다.

임금이 하루 동안 어진 사대부를 만나는 시간이 많고 환관이나 궁첩들과 가까이 지내는 시간이 적으면 자신의 기질을 함양하고 덕성을 증진시킬 수 있다.

이 말은 진실로 만고의 약석(藥石 약과 침)입니다."

손님이 말하였다.

"바른 사람이 바르지 못한 사람을 가리켜 '바르지 못하다'고 하고, 바르지 못한 사람도 바른 사람을 가리켜 '바르지 못하다'고 할 텐데 어떤 방법으로 그 둘을 분별합니까?"

주인이 말하였다.

"그것은 어렵지 않습니다. 군자가 소인을 공격할 때는 말이

조리 있고 이치가 곧습니다. 반면 소인이 군자를 공격할 때는 말이 어렵고 이치가 곧지 않습니다. 소인이 품고 있는 악惡은 훤히 볼 수 있는데, 어떤 이는 재물과 이익 때문에 더러워졌고, 어떤 이는 윤리에 어긋난 행동을 하고, 어떤 이는 사익만 좇느라 공적인 것은 안중에 없고, 어떤 이는 어진 사람들을 방해하여 나라를 병들게 하는 등 여러 죄악들을 일일이 열거할 수 없습니다. 하지만 그 대략은 모두 잘 드러나 지적할 수 있으니 직접 보거나 말하기가 어렵지 않습니다.

군자는 그렇지가 않습니다. 마음으로 말하면 정직하고 굽은 것이 없고, 행동으로 말하면 깨끗하고 희고 작은 결점도 없습니다. 절개로 말하면 어떤 일에도 굽히지 않습니다. 그중에서 만일 '덕을 완벽하게 이룬 선비'가 아닌 사람이라면 약간의 결점이 있을 수밖에 없지만 이 결점 또한 기질氣質[74]이 약간 치우친 데에서 나온 것일 뿐, 소인이 방자하게 악행을 행하면서도 꺼릴 줄 모르는 것과는 다릅니다. 따라서 소인이 군자를 공격할 때는 반드시 따로 여러 가지 명목을 꾸며내어 주상의 귀를 현혹시킵니다.

소인은 군자가 성리학에 몰두하고 선대 임금들의 가르침을

---

74 성리학자들은 사람으로 태어난 이상 자연적으로 받은 물질적 조건이 있기 때문에 사람에 따라 기질에 편차가 생기게 마련이라고 보았다.

좇고자 하면 그것을 가리켜 위학僞學[75]이라 합니다. 소인은 군자가 자기수양을 하고 의를 행하고 윤리를 밝히려고 하면 그것을 가리켜 위선僞善이라 합니다. 소인은 군자가 임금을 도道에 합당하게 행동하도록 이끌고 삼왕오제의 이상적 통치를 본받아 계승하도록 하면 그것을 가리켜 고원한 이론으로 세상 사람들을 오도한다고 합니다. 소인은 군자가 비분강개하여 사안에 대해 논의하고 유속의 폐단을 바로잡으려고 하면 그것을 가리켜 경박하게 일 벌이기를 좋아한다고 합니다. 소인은 군자가 동료들을 조정에 불러들여 함께 정치[共治]를 하려고 하면 그것을 가리켜 붕당을 만든다고 합니다. 소인은 군자가 선을 좋아하고 악을 미워하여 '탁한 물을 흘려보내 맑은 물을 끌어들이면' 그것을 가리켜 '자기와 다르면 배척하는 것'이라고 합니다. 소인은 군자가 정도正道를 굳게 지키며 흔들리지 않

---

75 '거짓된 배움'이라는 뜻이다. 주희 생존 당시 도학을 추종하는 인사들이 정계에서 탄압, 배척당한 사건이 일어났다. 정치 이데올로기로 도학을 받아들인 조선과는 다르게 송나라에서 당시 주희에 의해 집대성된 도학의 위상은 굉장히 위태로웠다. 도학을 비호하던 재상 조여우趙汝愚는 도학을 황제에게 역설하고, 주희로 하여금 경연관으로 황제를 가르치게 하였다. 하지만 1196년 조여우와 대립하던 한탁주韓侂冑가 조여우를 재상에서 몰아내고 주희를 중심으로 한 이학가理學家 59명에게 '위학僞學'이라는 오명을 씌워서 도학 계통의 정치인들을 정치적으로 탄압하고 조정에 들어올 수 없게 하였다. 이를 '경원당금慶元黨禁'이라고 하며, 1202년에 해제되었다.

율곡의 상소

고 공정한 길[公道]⁷⁶을 지키려고 하면 그것을 가리켜 전제 권력을 휘두르려 한다고 합니다. 소인은 군자가 임금의 면전에서 무례를 무릅쓰고 직언하여 임금의 덕을 보전하려고 하면 그것을 가리켜 임금께 불경하다고 합니다. 소인은 군자가 벼슬길에 나아갈 때 예에 맞는지를 따져 예의가 아니라면 만종萬鍾의 녹봉이라도 거들떠보지 않는 것을 가리켜 임금에게 더 높은 녹봉을 요구하려는 의도라고 합니다. 소인은 군자가 도가 행해지지 않았을 때 벼슬에서 물러나면 그것을 가리켜 원망을 품고 불손하게 행동한다고 합니다. 소인이 꾸며대는 말과 허구로 만든 일들은 일일이 다 열거할 수 없지만 대략 모두 편벽된 말, 방탕한 말, 사벽한 말, 회피하는 말⁷⁷입니다. 이런 것은 명철한 사람이 한번 불에 비춰 보면 그 폐와 간까지도 들여다보듯이 훤한 것입니다."

손님이 말하였다.

"소인인지 아닌지를 과연 그렇게 쉽게 알아볼 수 있습니까?"

---

76 공정한 등용의 통로를 말한다.

77 《맹자》〈공손추상公孫丑上〉에 나오는 말로, 맹자가 지언知言, 즉 말을 안다는 것이 무엇인지에 대해 설명하는 중에 나온 말이다. 맹자는 '지언'이란, 편벽된 말[詖辭]이 무엇을 가리는지 알며, 방탕한 말[淫辭]이 어디에 빠져 있는지를 알며, 사벽한 말[邪辭]이 무엇에서 괴리되었는지를 알며, 회피하는 말[遁辭]이 어디에서 논리가 궁한지를 아는 것이라고 하였다.

주인이 말하였다.

"단지 임금이 욕심을 부리는 경우가 걱정될 뿐이지, 만약 임금께서 무욕無慾하다면 소인이 어찌 스스로 임금과 은밀하고 옳지 않은 방식으로 깊게 사귈[左腹] 수 있겠습니까? 오늘날 주상께서 막 정치를 시작하시면서 여러 정무들을 새롭게 하시니 군자와 소인들이 제각기 바라는 것이 있습니다. 만약 주상께서 물욕에 얽매이지 않으시고 오직 통치의 도만을 강구하신다면 군자의 바람이 이루어질 것입니다.

만약 임금의 마음에 조금이라도 사욕의 싹이 있으면 소인들이 그 틈을 엿보아 파고들 길이 많아질 것입니다. 주상께서 만약 낳아주신 부모를 높이겠다는 사사로운 마음이 싹트면 소인은 반드시 그 틈을 엿보아 '가정제嘉靖帝[78]를 본받아야 한다'는 말로 주상의 귀를 현혹할 것입니다. 만약 도학에 대해 듣기를 싫증 내는 사사로운 마음이 싹트면 소인들은 반드시 그 틈을 엿보아 '가유(假儒 유신儒臣을 사칭하는 자)가 하는 말은 실제가 없고 실효가 없다'는 말로 주상의 귀를 현혹할 것입니다. 만약 직언을 불쾌히 여기는 사사로운 마음이 싹트면 소인들은 반드시 그 틈을 엿보아 '대간(臺諫 감찰 임무를

---

78 명나라 11대 황제. 후사가 없던 사촌형 정덕제正德帝를 이어 방계로 황제가 되었다. 신하들의 반대를 무릅쓰고 생부인 흥헌왕興獻王을 황제로 추존하였다.

율곡의 상소

맡은 대관臺官과 국왕에 대한 간쟁諫諍 임무를 맡은 간관諫官을 아울러 이르는 말)이 모두 믿을 만한 것은 아니다'라는 말로 임금의 귀를 현혹할 것입니다. 만약 관습을 따르고 구차하게 편안하고자 하는 사사로운 마음이 싹트면 소인들은 반드시 그 틈을 엿보아 '나라가 이미 잘 다스려지고 있으니 걱정할 것이 없다'는 말로 임금의 귀를 현혹할 것입니다. 만약 외척들에게 의지하거나 그들을 중시하는 사사로운 마음이 싹트면 소인들은 반드시 그 틈을 엿보아 '친척 되는 신하가 가장 믿을 만하다'는 말로 임금의 귀를 현혹할 것입니다. 만약 환관과 내시를 총애하는 사사로운 마음이 싹트면 소인들은 반드시 그 틈을 엿보아 '집안의 노비들은 비록 존귀해지더라도 오히려 통제하기가 쉽다'는 말로 임금의 귀를 현혹할 것입니다. 만약 구복(求福 복을 빌다)을 위해 망령되이 제사 지내는 사사로운 마음이 싹트면 소인들은 반드시 그 틈을 엿보아 '선불교의 화복설[79]이 틀리지 않다'라는 말로 임금의 귀를 현혹할 것입니다. 만약 음악과 여색을 즐기는 사사로운 마음이 싹트면 소인들은 그 틈을 엿보아 '편히 누워 마음대로 하며 안락하게 지내십시오'라는 말로 임금의 귀를 현혹할 것입니다.

---

79 불교에 귀의하면 복을 받고 화를 면하며, 반대로 불교에 귀의하지 않으면 화를 면할 수 없다는 교리.

방기곡경(旁岐曲逕 부정한 방법)들을 다 일일이 열거할 수 없으나 대략 모두 임금의 귀를 가리고 막아 자신의 이익을 도모하려는 것입니다. 만약 주상께서 격물치지하여 천리를 궁구하신다면 소인들의 양태를 조금도 밝히지 못할 것이 없습니다. 선을 좋아하고 악을 미워하며 자신의 마음을 공정하게 유지한다면 군자의 지혜로운 제안마다 합치하지 않는 것이 없을 것입니다.

이러한 이유 때문에 간사한 신하를 변별해내는 방법에는 '이치를 궁구하는 것[窮理]'보다 좋은 것이 없고, 어진 신하를 알아보는 방법에는 '공정한 마음[公心]'을 갖는 것보다 좋은 수가 없습니다. 이치를 궁구하는 것과 공정한 마음을 유지하는 것은 모두 '욕망을 적게 하는 것[寡欲]'에서 시작합니다."

09

민생을 안정시키기 위한
법에 대하여

[민생 안정 제도 개혁]

이 장은 민생 안정을 위한 제도 개혁에 대해 다루며, 현 제도의 문제점을 지적하고 해결 방안을 제시하고 있다. 크게 다섯 가지 제도의 문제점을 제시한다. 일족절린의 폐단은 군역軍役의 문제점, 역사불균의 폐단은 신역의 문제점을 다룬다. 진상번중의 폐단, 공물방납의 폐단, 이서주구의 폐단은 모두 공납의 문제점을 다루고 있다. 공납에 대한 부분이 분량도 가장 많고 해결책이 여러 각도로 제시되고 있는 것이 특징이다.

손님이 말하였다.

"간사한 사람과 바른 사람을 가렸고 보좌할 만한 적임자를 얻어 정치를 한다면 그다음에는 무엇을 우선해야 합니까?"

주인이 말하였다.

"먼저 폐단이 되는 제도부터 개혁해서 민생을 구제해야 합니다. 폐단이 되는 제도를 개혁하고자 한다면 언로(言路 신하들이 임금에게 말을 올릴 수 있는 길)를 넓혀서 좋은 정책들을 모아야 합니다. 위로는 공경公卿[80]에서부터 아래로는 머슴에 이르기까지 모두 각자 시대의 폐단을 말할 수 있도록 용인하여 그 말이 과연 쓰일 수 있으면 쓰되 그 사람을 가지고 취사선택의 기준으로 삼아서는 안 됩니다. 또, 해당 관서가 관례에 따라 방계防啓[81]하지 못하게 하고, 오직 폐단이 되는 제도를 모두 개혁할 기회로 삼은 연후에 나라가 잘될 수 있습니다."

손님이 말하였다.

"선생께서는 민생 구제는 폐단이 되는 제도를 개혁하는 데에 달려 있다고 여기십니다. 오늘날의 폐단 중에 무엇이 백성의 가장 큰 근심거리입니까?"

주인이 말하였다.

"일족절린一族切鄰이라는 폐단이 첫 번째이고, 진상번중進上煩

---

80 조정 대신들을 아우르는 말로, 삼공三公과 구경九卿을 말한다. 삼공과 구경은 중국과 조선이 각각 가리키는 관직이 다르고, 시대에 따라서도 다르다. 조선 시대 때 삼공은 우의정, 좌의정, 영의정이고, 구경은 육조六曹의 판서判書 6인과 의정부議政府의 좌찬성左贊成, 우찬성右贊成, 그리고 한성부漢城府 판윤判尹을 아울러 말한다.

81 다른 관서나 다른 사람이 어떤 일에 대하여 임금에게 아뢰었을 때나, 임금이 어떤 일에 대하여 신하에게 의견을 물었을 때, 또는 임금이 시킨 일에 대하여 그렇게 하지 말도록 아뢰는 것.

重이라는 폐단이 두 번째이고, 공물방납貢物防納이라는 폐단이 세 번째이고, 역사불균役事不均이라는 폐단이 네 번째이고, 이서주구吏胥誅求라는 폐단이 다섯 번째입니다.

일족절린의 폐단이란 무엇을 말하는 것이겠습니까? 오늘날 도망간 백성이 있으면 반드시 그 일족과 이웃에게서 세금을 거두어들이고, 일족과 이웃들이 그 세금을 감당할 수가 없어서 또 떠나 흩어지면 다시 그 일족의 일족과 이웃의 이웃에게 세금을 부담시킵니다. 한 사람이라도 도망치는 사람이 있으면 그 피해가 천 가호에 미치니 그런 형세가 계속되면 결국 백성이 한 사람도 남지 않는 데에 이른 후에야 그칠 것입니다. 그렇기 때문에 옛날에 백 가구가 있었던 마을은 지금 열 가구가 안 되고, 몇 년 전에 열 가구가 있던 마을은 오늘날 한 가구도 없게 되어 마을이 적막하고 밥 짓는 연기가 나는 집이 없습니다. 나라 곳곳마다 그렇지 않은 곳이 없습니다. 만약 이러한 폐단을 개혁하지 않는다면 나라의 근본이 뒤집히고 나라를 경영할 수가 없습니다.

이러한 폐단을 개혁하고자 한다면 나라 안 모든 고을에 명령을 내려 문서와 장부들을 검토해야 합니다. 만약 마을을 떠나 도망간 가구가 있으면 바로 그 이름을 삭제하여 일족절린에게 세금을 걷는 일이 없어야 합니다. 그러면 나라의 손실은 단지 도망간 자들의 부분일 뿐이고 도망치지 않은 백성은 편안하게 모여 살 수 있을 것입니다. 백성의 부담을 줄여서 민생을 안정화하며 호구를 번성케 하면 채우지 못한 군사의 수도 머지않아 채워질 것입니다."

손님이 말하였다.

"그런 방법이 있다고 하시다니! 선생님은 참 물정을 모르십니다. 오늘날 군인의 수와 노비 장부[隸籍]에는 도망쳐 없어진 사람이 절반인데 만약 선생의 말씀대로 한다면 당장 필요한 여러 비용을 댈 수가 없으니 어떻게 그리하겠습니까?"

주인이 말하였다.

"아아! 유속의 식견이 늘 이렇지요[82] 이렇기 때문에 나라의 형편이 좀처럼 나아지지 못하는 것입니다. 오늘날로 말하면, 민생의 곤궁함이 마치 사람을 거꾸로 매달아놓은 것보다 심각해서 급히 구원해 주지 않으면 그 형세가 나라가 텅 빌 지경입니다. 나라가 텅 비어버리면 당장의 비용을 도대체 어디에서 얻을 수 있겠습니까? 이것은 이치상 꼭 그렇게 될 일입니다. 군인의 수가 줄지 않는 것을 중요하게 생각하는 까닭은 실제로

---

82 유속은 구신舊臣이면서 대신大臣의 지위에 있는 자들로, 개혁을 꺼리는 세력이었다. 율곡은 선조 역시 유속에게 물들어 개혁을 꺼리게 되었다고 생각했다. 따라서 유속의 식견이란 유속과 선조 임금의 식견을 말하는 것으로 보인다.

그만한 숫자의 군인을 준비해뒀다가 필요시에 쓸 수 있기 때문입니다. 오늘날은 도망쳐 없어진 군인의 숫자를 보충하기 위하여 단지 일족을 찾아가 그에 해당하는 군포를 징수할 뿐입니다. 그런데 만일 나라에 변고가 생겨 군인을 징발해야 할 경우가 생기면 일족들이 창을 메고 나올 만하지 않고 군포도 끝내 군인을 모병하기에 부족할 것입니다. 어찌 군역 장부에서 도망친 사람들 이름이 지워지는 것을 아쉽게 여기고 못 지워서 백성이 실제적인 해를 입게 할 수 있단 말입니까?

고금을 통틀어 나라를 혼란에 빠뜨리는 일이 참으로 한두 가지가 아니지만 일족절린의 폐단 때문에 나라가 망하게 되는 경우는 보지 못했습니다. 우리나라가 선례가 되는 셈인데 언제부터 시작되었는지는 모르겠지만 이는 참으로 천고에 걱정거리였던 적이 없던 일입니다. 이런 일로 나라를 그르쳤다는 말을 후세 사람들이 듣는 일이 없도록 해야 합니다. 《서경》에 '형벌은 후손에게 미치지 않게 하시고 포상은 후세에까지 미치도록 하셨다'고 했습니다. 이 나라 백성이 도망치고 흩어지는 것은 곤궁하고 궁핍한 까닭에 그런 것입니다. 정치 지도자들은 마땅히 백성에게 은택을 베풀기에 바빠야 하는데도 오히려 표독스럽고 가혹한 정치를 펴서 아직 도망치지 않은 백성마저 도망쳐 흩어지게 만들었습니다. 이것이 어찌 인한 사람이나 군자가 차마 할 일이겠습니까?"

손님이 말하였다.

"선생의 말씀이 옳습니다만 백성 중에 교묘하게 속이려는 자들이 모두 병역을 면피하여 병사의 수가 결국 한 사람도 남지 않게 되면 어떻게 합니까?"

주인이 말하였다.

"그런 일은 이치상 결코 없을 것입니다. 백성이 일족을 뒤로하고 고향을 떠나는 것, 일정한 거처가 없는 곳으로 옮기는 것은 모두 근심 걱정이 절박하여 부득이하게 그런 것입니다. 비록 어떤 이들이 교묘하게 속이려 한다 하더라도 만약 생업이 있어서 먹고살 수 있으면 누가 스스로 도망쳐 떠도는 고초를 선택하겠습니까? 일족절린의 걱정거리가 없어져 단지 자기 한 몸의 군역만 감당한다면 백성이 생업을 편하게 여기고 즐길 것입니다. 이는 마치 수해나 화재에서 벗어나는 것과 같은데, 어찌 모두 군역을 피하려고 하겠습니까?

제도를 개혁했다면 각 고을에 명을 내려 한정(閑丁 15세~60세 사이의 장정으로서 국역에 나가지 않는 사람)을 색출하여 군사 수에 충당하고 여외(旅外 군적軍籍에서 정원을 채우고 남은 군정이 있는 경우 만드는 별대別隊)를 없애서 정군正軍을 보충합니다. 신설한 위(衛 군대 편제 단위)의 경우에는, 《경국대전經國大典》에 기재되지 않은 자들과 한역(閑役 일정한 신역이 없는 경우, 혹은 힘들지 않은 신역을 하는 경우) 명부에 이름이 실린 자들, 즉 관청에 별 도움이 안 될 사람들을 모두 색출하여 군사 수에 충당합니다. 병무를 담당하는 관청이 그 일을 총괄 담당하도록 하여 반드시 그 실제 숫자를 얻을 수 있게 한다면 군적을 위한 별도의 관서를 만들지 않더라도 군적 문제가 해결될 것입니다. 그런 후에 한정을 다시 색출하여 찾아내는 대로 바로바로 군사 수에 보충해 넣고, 매번 세초(歲抄 조선시대 때 6월과 12월마다 질병이나 죽음으로 생긴 병사의 결원을 보충하던 일)할 때 각 고을에 명령하여 군적은 병조兵曹로 올리게 하고, 노비 장부[隸籍]는 해당 관서로 올리게 합니다. 이때 실제 숫자만 기록하게 하고, 허명(虛名 기록에 이름만 있고 그 실제 사람이 없는 경우)은 모두 삭제하게 합니다.

한정을 잘 찾아 10호 이상을 늘린 관리에게는 상을 주고, 새로 도망친 가호가 있어서 군역 대상자의 수가 5호 이상 줄어들게 한 관리에게는 벌을 내리는데, 파직하거나 강등하거나 심한 경우에는 중죄로 다스립니다. 군역 대상자 수의 증감이 비슷한 경우에는 상벌을 논하지 않습니다. 3년간 다스렸는데도 호구가 증가하지 않은 경우에도 벌을 내립니다.

또, 어사御史로 하여금 각 고을을 암행하게 하여 백성이 당하는 고통을 듣고 수령이 어진지 아닌지를 살피게 해야 합니다. 그래서 만약 예전처럼 친족과 이웃에게서 도망친 백성의

몫을 수탈하거나 혹은 거짓으로 호구를 늘려서 포상을 받으려는 수령이 있으면 뇌물죄로 벌해야 합니다. 참으로 이렇게 처리한다면 수령들은 법을 두려워하여 마음을 다해 백성을 돌볼 것이니 10년이 채 안 되어 민생이 풍요로워지고 군사의 숫자도 충족될 것입니다.

옛날에 월왕越王 구천句踐은 5천의 병사로 회계산(會稽山, 현 절강성浙江省 소흥시紹興市)에 머물 당시에 세력이 지극히 미약했다고 할 수 있습니다. 그런데 10년 동안 백성을 안정시키고 풍요롭게 한 다음 10년간 가르치고 훈련시켜서 부국강병을 이뤄내어 강한 적(오吳나라)을 섬멸할 수 있었습니다. 더군다나 우리나라는 당당한 만승지국(萬乘之國 만 대의 전차를 갖출 수 있는 능력을 가진 나라)입니다. 우리가 만약 할 수 있는 대로 최대한 백성을 안정시키고 풍요롭게 하고 또 가르치고 훈련시킨다면 어찌 나라가 태평하고 백성이 풍요로워지지 않겠으며, 풍속을 크게 개선하는 효과가 없겠습니까?

진상번중의 폐단이란 무엇을 말하는 것이겠습니까? 요즘 말하는 진상進上이라는 것은 '조정에서 필요한 경비[上供]'라고 하기에 모두 적절한 것은 아닙니다. 자질구레한 것들도 바치지 않는 것이 없고, 육지와 바다에서 나는 것은 남김없이 거두어들이지만 임금께 바칠 음식을 제대로 고르면 거의 없습니다. 옛 성왕聖王들은 자기 한 몸으로 천하 사람들을 다스렸지 천하 사람들이 자기 한 몸을 봉양하게 하지 않았습니다. 비록 진상할 물건들이 하나하나 모두 조정에서 필요한 경비에 합치하는 것들이었다고 하더라도 진상물을 줄여서 백성의 노고를 덜어주었습니다. 더군다나 급히 필요치 않은 물건까지 수탈하여 백성을 잔인하게 괴롭혀서야 되겠습니까?

　이러한 폐단을 개혁하고자 하면 대신들과 해당 관서에 명령을 내려 진상 품목을 모조리 정리하여 품목 가운데 정말 필요한 것과 그렇지 않은 것을 자세히 살피게 하고 꼭 진상할 필요가 있는 것들만 취하고 급히 필요치 않은 물건들은 모두 면제해주어야 합니다. 비록 조정의 경비에 필요한 것일지라도 수량이 너무 많은 경우에도 그 수량을 줄여주어야 합니다. 이렇게 하면 성상께서 백성을 아끼는 마음이 아랫사람에게 전달될 수 있습니다. 주나라 문왕文王이 여러 나라로부터 정해진 수의 부세만 받았던 미덕이 문왕에게만 있지는 않을 것입니다.”

손님이 말하였다.

“만약 선생의 말씀과 같이 한다면 백성을 아낄 줄만 알 뿐 임금을 받들어 모실 줄은 모르는 것이니 신하된 자의 정성이 아닙니다.”

주인이 한숨을 쉬면서 말하였다.

"유속의 식견이 늘 이렇지요. 이렇기 때문에 임금의 덕德이 완전해지도록 도울 수 없는 것입니다. 충신이 임금을 앙모할 때는 '큰 도리[大道]'를 가지고 하는 것이지 '작은 정성[小誠]'을 가지고 하는 것이 아닙니다. 만약 나라가 편히 다스려지고 민생이 풍요로워지면 우리 임금께서 얻는 것도 많을 것입니다. 그러니 어찌 구구하게 작은 물건이 늘고 주는 것이 우리 임금께 손익이 되겠습니까? 고대 순임금께서 칠기漆器를 만드시자 신하들이 다투어 직간하였는데 이는 존귀하신 천자라 할지라도 칠기를 쓸 수 없기 때문입니다.[83] 선생의 말씀대로라면 순임금의 신하들이 임금을 앙모하지 않았다고 할 수 있겠습니다. 하지만 순임금은 천하를 다스리는 성주聖主가 되셨고, 순임금의 신하들은 천하를 다스리는 훌륭한 보필자가 되었습니다. 아아! 이런 이치를, 어찌 유속과 함께 그 득과 실을 논의할 수 있겠습니까?

공물방납의 폐단이란 무엇을 말하는 것이겠습니까? 선왕

---

83 순임금이 칠기를 만들자 신하들이 간언했다. 그것이 사치스러운 풍조를 조장하기 때문이었다. 신하들은 사치가 나라를 망치는 시작이라고 보았다. 칠기를 쓰기 시작하면 만족을 모르고 금으로 만들게 되고, 다시 만족하지 못하면 옥으로 만들게 되어 있다고 아뢰면서 사치를 경계하게 한 것이다.《정관정요 貞觀政要》에 나온다.

대에는 방납(防納 납세자가 내는 현물의 질을 문제 삼아 퇴짜를 놓고 수취자가 공물을 대신 낸 후 그 대가로 곱절로 되받아 이윤을 취하는 일)[84]을 엄하게 금지하여 갖가지 공물을 백성이 직접 관아에 내게 하였습니다. 관리들도 모두 주상의 뜻을 받들어 아전들에게 농간을 당하지 않았고, 간사한 꾀로 물가를 오르내리게 하여 시장을 방해하는 근심거리가 없었습니다. 따라서 백성은 공물 때문에 고초를 겪지 않았습니다.

세상의 도리가 점차 땅에 떨어지고 폐단이 날로 불어나서 간사한 노비들과 교활한 아전들이 온갖 물자를 사적으로 비축해두었다가 관청을 멋대로 조롱하고 백성에게 조당阻當[85]합니다. 비록 백성이 아주 좋은 물건을 가지고 오더라도 아전들은 끝내 받지 않고 반드시 자기가 사적으로 비축해둔 물건을 공물로 낸 후에 그 백배의 가격을 내라고 요구합니다. 나라의 제도가 이렇게 무너져버려 금지하거나 그만두게 할 수 없게 된 지 아주 오래되었습니다. 그래서 나라의 경비에 조금도 보탬

---

84 방납의 폐단은 조선 초부터 백성의 유망을 초래하는 심각한 사회 문제였다. 율곡 이전에는 조광조가 이 폐단을 지적하며 시정 방안을 제시한 바 있다. 율곡 역시 방납의 폐단과 해결 방안을 제시했으나 선조는 그의 방안을 채택하지 못했고, 조선 중기를 거치면서 폐단은 점차로 더 심해졌다. 결국 효종 때 대동법이 실시된 것도 방납의 폐단을 없애기 위함이었다.

85 공물을 직접 바치는 것을 막아 대신 바치고 그 대가로 공물을 바치는 자에게 배로 징수하는 것.

이 안 되고 백성의 살림도 이미 곤궁해졌습니다. 최근에 이 폐단을 개혁하고자 했음에도 불구하고 그 핵심을 파악하지 못하여 백성에게 직접 바치게 할 뿐 적절한 정책을 내놓지 못하고 있습니다. 게다가 백성이 공물을 스스로 준비할 수 없게 된지 오래되어 하루아침에 방납이 폐지된 것을 듣는다고 하더라도 공물을 마련할 방도가 없습니다. 그래서 다시 비싼 값을 준비해서 예전에 방납하던 무리에게 가서 사적으로 거래하는 수밖에 없습니다. 그들은 공물을 더 깊숙이 감춰두고 인색하게 굴면서 예전보다 갑절로 가격을 매기니 방납이라는 이름은 비록 없어졌지만 실제 방납은 오히려 더 심해졌습니다."

손님이 말하였다.

"이러한 방납의 폐단을 개혁하기 위해서는 어떠한 방책을 써야 합니까?"

주인이 말하였다.

"사리에 통달한 사람이라면 그때그때 상황에 맞게 좋은 계책을 내서 상황에 맞게 조정할 것입니다. 하지만 어찌 옛 관행에만 매인 사람이 이를 따라 할 수 있겠습니까? 제가 해주海州[86] 지역의

---

86 황해도 남서부에 위치한 고을.

공물 제도를 보니 밭 한 결당 쌀 한 두를 공물로 거두고 지방 관청이 직접 공물을 준비하여 한양에 납부합니다.[87] 백성들은 쌀을 내는 사실만 알 뿐, 농간에 의해 물가가 상승하는 폐단은 대개 알지도 듣지도 못합니다. 이는 참으로 오늘날 백성을 구제하는 좋은 제도입니다. 만약 이 제도를 나라 각 도처에 반포한다면 방납의 폐단은 얼마 안 되어 저절로 해결될 것입니다."

손님이 웃으면서 말하였다.

"선생님의 말씀은 정말로 세상 물정 모르는 말씀이십니다. 우리나라 각 고을의 실상은 해주와 같지 않은데 어찌 팔도의 고을들로 하여금 모두 해주를 본받으라고 할 수 있겠습니까?"

주인이 말하였다.

"만일 현재의 관행을 바꾸지 않는다면 참으로 선생의 말씀과 같겠지요. 그러나 만약 대신들과 해당 관청들로 하여금 다음과 같이 하게 하면 못 할 것도 없습니다. 대신들과 해당 관청으로 하여금 팔도의 지도와 호적을 모두 얻도록 하여 인구의 많고 적음, 전결(田結 논밭에 물리는 세금)의 많고 적음, 물산(物

---

87 이것을 '사대동私大同'이라고 한다. 법으로 시행된 것이 아니라 이렇게 일부 군현에서 자치적으로 시행되었다. 임진왜란 이후 효종 대에 시행되는 대동법의 선구가 된 관행이다.

産 그 지방의 생산품)의 많고 적음을 꼼꼼히 살피게 합니다. 그리고 새롭게 다시 공물을 부과하여 부세의 경중을 균등하게 유지하며, 공물 중에서 나라 경비에 급한 물자가 아닌 것은 그 양을 적절하게 감해줍니다. 꼭 팔도의 각 고을에서 공물을 마련하는 방식을 모두 해주처럼 한 결당 한 두로 하게 합니다. 그런 후에 명령을 내리면 시행하지 못할 것이 없습니다.[88]

역사불균의 폐단이란 무엇을 말하는 것이겠습니까? 오늘날 말하는 정군(正軍 양인 농민의 의무병)·보솔保率[89]·나장(羅將 병조의 하급 직원)·조례(皁隸 하급 군관) 등의 인원이 여러 부역을 담당하는 부류인데 어떤 사람은 장번(長番 병사가 궁중에서 오랜 기간 동안 거주하며 교대하지 아니하고 근무하는 것)을 서고, 어떤 사람은 두 번으로 나누어 서고, 어떤 사람은 세 번으로 나누어 서고, 혹은 예닐곱 번으로 나누어 서기도 합니다. 어떤 사람은 포악하게 처우받는 것을 견디지 못해 도망쳐

---

88 지방의 백성들은 한 해에 얼마만큼의 공물을 바쳐야 하는지 몰랐고, 이는 수취자가 자의적으로 공물을 거두는 빌미가 되었다. 공물의 납부가 불균등하고 자의적인 수취가 큰 문제였다. 이를 방지하기 위해 이이는 해당 지방의 경제 상황을 파악하여 그에 맞게 수취하는 방법을 제안한다. 율곡뿐만 아니라 동시대인인 정철, 류성룡도 유사한 주장을 했다.

89 보인保人을 말한다. 정군이 군역을 질 때 국가에서 제공하는 보수가 없었으므로 그 경제적 부담을 지게 하는 보인을 두었다. 보인은 면포를 냄으로써 정군을 재정적으로 도왔다. 군관의 직급에 따라 거느리는 보인의 수가 달랐고, 그 수가 많을수록 많은 수입을 얻었다.

버리고, 어떤 사람은 조금 편한 일을 받아서 잘 지내기도 합니다. 모두 다 같은 백성인데 어찌 이 사람은 편하고 저 사람은 고되게 할 수가 있습니까.

오늘날 해결 방책은 대신과 해당 관청으로 하여금 제도와 법제를 잘 헤아려 알맞게 고쳐서 일체의 부역을 모두 순서에 맞게 번갈아 쉬게 하고 부역을 고르게 합니다. 부역의 강도가 아주 고되거나 아주 편안한 폐단이 없게 하는 것입니다. 그리한다면 도망쳐 떠난 백성이 다시 돌아와 모여 살 것이고 백성은 가속을 버리고 도피하려는 생각을 하지 않을 것입니다.

이서주구의 폐단이란 무엇을 말하는 것이겠습니까? 권세를 쥔 간신들이 세상을 어지럽힌 후에 위아래 할 것 없이 뇌물 주고받기를 일삼았으니 관작(官爵 관직과 작위)도 뇌물을 쓰지 않으면 승진할 수 없고, 소송에서도 뇌물을 쓰지 않으면 이기지 못하고, 죄인도 뇌물을 쓰지 않으면 풀려나지 못하게 되어버렸습니다. 그래서 관료들이 법을 어기고, 아전들이 법률 문서로 농간을 부려서 공물이 관에 납부될 때 우수한 물품과 조악한 것을 구분하지 않고, 많고 적음도 계산하지 않고, 오직 뇌물의 크기로 취사선택을 하는 지경에 이르렀습니다. 심지어 일개 하인이나 노비조차 말직이라도 맡고 있으면 빈번히 수탈하곤 합니다. 이뿐만이 아니라 송사와 같은 중요한 일에 있어서도 교활한 아전의 손에 맡겨져서 뇌물을 받고서 시비를 판단합니다.

이는 참으로 정치를 혼란시키고 나라를 망치는 고질병입니다. 지금은 권세를 쥔 간신들이 이미 제거되었고 공론公論이 실행되어서 조정에서 일하는 윗사람들은 조금이나마 구습을 고쳤지만 아전들의 간사한 행동은 예전보다 더욱 심합니다.

이러한 폐단을 개혁하기 위해서는 백관들에게 엄명을 내려 뇌물을 금지하는 법규를 분명하게 밝혀야 합니다. 떨어진 기강을 바로 세우고, 조정의 분위기를 엄숙하게 하여 사람들이 경각심을 갖고 법의 무서움을 알게 해야 합니다. 그렇게 한 후에 수탈하고 뇌물을 받는 관행을 일제히 금지하고 몰래 숨기고 감추어둔 죄를 적발해 내어 그 자초지종을 알아내며, 백성이 하소연하는 것을 허용하여 그들의 원망을 깊이 살펴야 합니다. 만약 아전이나 사령(使令 심부름 등의 천한 일을 맡은 하급 관리)들이 뇌물을 받거나 수탈을 한 정황이 포착되어 뇌물의 액수가 포 한 필 이상이 되면 전가율(全家律 죄를 지은 자의 온 가족을 귀양 보내는 형벌)로 다스리고 그들을 육진[90]의 빈 땅으로 보내야 합니다. 그렇게 하면 일거에 뇌물을 수수하는 관행을 없앨 수 있을 뿐만 아니라 장차 변방을 방어하는 데에도 도움이 될 것입니다.

그건 그렇더라도 아전들이 뇌물을 받는 것은 진실로 근절

---

90 여진족의 습격에 대비하기 위해 설치한 국방상의 요지인 종성鐘城·온성穩城·회령會寧·경원慶源·경흥慶興·부령富寧의 여섯 진. 여진족과 맞닿아 있는 두만강 하류 지역이다.

율곡의 상소

해야 하는 일인데 그들에게 농사 말고 생계를 유지할 수단을 주지 않으면 안 됩니다. 고대에는 서리, 아전, 하급 관리들이 모두 일정한 녹봉이 있어서 상부에서 녹을 받아 먹고살았지만, 오늘날의 아전들은 별도의 녹봉이 없어서 수탈하지 않으면 굶어죽거나 추위를 면하기 어렵습니다. 이런 것이 우리나라의 제도에서 아직 미진한 부분입니다."

손님이 말하였다.

"나라 예산이 부족하여 조정의 관리들에게 주는 녹봉도 오히려 삭감해야 할 형편인데 어찌 아전들에게 봉록을 줄 수 있겠습니까?"

주인이 말하였다.

"저는 나라 예산을 덜어서 아전들의 녹봉을 주라는 뜻으로 말한 것이 아닙니다. 다만 나라가 헛되이 낭비하는 것들만 잘 모아도 줄 수 있을 것입니다. 헛되이 낭비하는 것이란 무엇이겠습니까? 오늘날 한양에 있는 관아에서 받는 속포(贖布 벌금)와 작지作紙[91]는 모두 쓸모없는 데로 흩어져 사라져버립니다. 만

91　백성들이 재판을 받거나 호조에 공물을 납부할 때 사무 비용 혹은 수수료로 내는 세금이다. 해당 관청은 이를 받아서 관공비로 썼는데 금액이 규정되지 않아서 뇌물을 받는 빌미가 되기도 하였다.

약 담당 관아에서 그것들을 빠짐없이 거두어들이면 한 해 동안 모이는 수입이 수만 필 이상이 될 것입니다. 이것으로 아전들의 봉급을 주고, 또 남는 것은 나라 예산에 편입시킬 수 있으니 못 할 것이 없습니다. 이것은 별도의 세목이 아니라 단지 무용한 것을 유용한 것으로 전환하는 것입니다. 경세제민(經世濟民 세상을 다스리고 민생을 구제함)에 뜻을 둔 선비라면 제 말을 깊이가 얕다고 여겨 경시해서는 안 됩니다.

손님이 말하였다.

"오늘날 당면한 폐단이 이것들뿐입니까?"

주인이 말하였다.

"어찌 이것들뿐이겠습니까? 밭이 제대로 측량되지 않아 황무지에서도 세금을 받고 있고, 불교가 여전히 건재하여 일하지 않고 승이 되어 놀고먹는 백성이 밭으로 돌아오지 않고 있습니다.[92] 불시에 필요한 물자는 모두 시장 상인들에게 맡겨

---

92 승려가 된 백성은 농사도 짓지 않고 각종 잡역과 군역을 지지 않았다. 조선시대에는 양인들이 역을 피하기 위해 승려가 되는 일이 빈번했는데, 이를 막기 위해 정부는 도첩제度牒制를 시행하여 승려가 되는 기준을 엄격하게 관리했다. 도첩이란 국가가 인정하는 승려 신분증인데, 양인이 도첩을 발급받기 위해서는 세금을 내야 했다. 이는 부역을 면제해주는 대가로 받는 세금이었다. 양인이 승려가 되어 부역을 피하면 농업이나 기타 국가 노동력에 큰 손실이

져 사람 피부를 벗겨낼 듯이 수탈하는 해악이 넘쳐서 마을 사람들의 골수가 마를 지경입니다. 이름 모를 세금이 여러 고을에 넘쳐흘러 그런 세금을 징수하는 일이 나라에 바치는 공물이나 부세보다 더 중요한 일이 되어 버렸습니다. 종모법從母法이 양인 여자에게는 적용되지 않아서 양민들이 모두 사노비로 전락했습니다.[93] 불필요한 관직들이 아직도 많아서 낭비가 상당히 많습니다. 또 백성의 가호가 점차로 줄어드는데도 군郡과 읍邑이 너무 많습니다.

　오늘날의 폐단들을 말로 다 하려면 하루도 부족할 것입니다. 오늘날의 방식을 그대로 따르고 개혁하는 정치가 없다면 비록 요순이 임금으로 계시고, 고요와 기가 신하로 있다 하더라도 혼란한 시대를 다스리는 데에 도움이 안 되고, 몇 년 못가 백성의 삶은 어란토붕(魚爛土崩 물고기 속살이 썩어 문드러지고 지반이 무너져 내림)과 같이 될 것입니다. 더 걱정스러운 것은 지금 백성의 기력을 살펴보면 마치 죽어가는 사람과 같고 숨이 곧 끊어질 듯하여 평상시에도 삶을 유지하는 것이 어렵습니다. 만일 남북으로 외적의 침입[94]이 일어난다면 장차

생기기 때문에 율곡은 양인이 승려가 되는 것을 비판한 것이다.

93　〈깊이 읽기 06〉 참조.

94　조선 초에 북방에는 여진족이 남해안에는 왜구가 자주 침입하여 백성을 약탈하였다.

질풍이 낙엽을 휩쓸고 가는 듯할 것입니다. 백성은 그렇다고 하더라도 종묘와 사직은 어디에 의탁하겠습니까? 이런 것을 말하고 생각해보니 저도 모르게 눈물이 납니다."

손님이 말하였다.

"선생의 말씀이 참으로 옳습니다. 다만, 충신들이 임금을 보필할 때는 반드시 선대 임금을 본보기로 삼아야 하는데 만약 선생의 말씀대로 개혁한다면 '선대 임금의 법도[祖宗之法]'를 바꾸어 어지럽히는 것에 가깝지 않겠습니까?"

주인이 말하였다.

"하아! 유속의 식견이 늘 이렇지요. 이런 것을 두고 정책을 써보지도 않고 앉아서 망하는 꼴을 기다리는 것이라고 합니다. 정자께서는 이런 말씀을 하셨습니다.

> 백성을 다스리는 방도에 궁함이 있으면 성왕의 법제라도 고쳐야
> 한다. [生民之理有窮, 聖王之法可改]

대개 제도가 오래되면 폐단이 생겨나고 폐단이 생겨나면 당연히 개혁해야 합니다. 그래서 《주역》에 이런 말이 있습니다.

율곡의 상소

궁하면 변하고, 변하면 통한다.[窮則變, 變則通]

이 때문에 우리 태조께서 개국하시고 세종께서 수성(守成
뒤이어 지키고 이루다)하셔서 비로소 《경제육전經濟六典》[95]을 편
찬하시고, 세조世祖께서 그 업적을 이어받아 《경국대전》을 편
찬하셨습니다. 이것들은 모두 때에 맞게 마땅한 일을 제정한 것
이지 선대 임금들의 법과 제도[祖宗之法]를 고의로 바꾸어 혼
란을 초래한 것이 아닙니다. 오늘날의 폐단이 설령 전부 선대
임금들이 제정한 제도에서 기인한 것들이라고 하더라도 마땅
히 세조 임금을 모범으로 삼아[96] 이전의 규율들을 조금씩 바꿔

---

95 태조 6년(1397)에 영의정 조준趙浚의 책임하에 편찬되어 공포된 《경제육전》
은 조선 최초의 성문 법전이다. 이 법전은 이후 세종 대에 보완되어 편찬되었
다. 세종 10년(1428)에 이직李稷 등이 《신속육전등록新續六典謄錄》을, 세종
15년(1433)에 황희 등이 《신찬경제속육전新撰經濟續六典》을 편찬한 것이 그
예이다.

96 세조 임금을 모범으로 삼을 만한 이유는 태조 때 공포된 《경제육전》을 바꿀
수 없다는 당시의 법의식에도 불구하고 세조가 즉위년부터 법전을 집대성할
사업에 착수하여 《경제육전》과 《속육전續六典》을 수정하고 보완하여 법전을
집대성했기 때문이다. 특히 《경제육전》은 창업 군주의 이념과 의지가 들어 있
다고 여겼기 때문에 이를 변경하는 일은 금기시됐었다. 즉, 율곡은 선대 임금
의 법도를 함부로 바꿀 수 없다고 고집을 부리는 임금과 신하들을 향해 세조
와 같은 모범적인 경우가 있고, 그것은 결코 선대 임금의 법을 바꿔 혼란을 초
래한 것이 아니라 선대 임금의 법이 시대에 맞게 수정되어 더 오래 지속될 수
있도록 만들었다고 지적하는 것이다.

서 오래 지속될 법도를 세워야 할 것입니다. 하물며 꼭 선대 임금의 제도라고 할 수도 없는 것들이 대부분 권세를 쥔 간신들의 손에서 나오는데도 마치 선대 임금이 제정한 것처럼 고수하려고 하니 도대체 왜 그런 것입니까? 이것은 음사(淫辭 치우치고 허황된 말)를 하면서 혼란을 조장하는 것인데 도리어 제가 선대 임금의 법과 제도를 바꾸어 혼란을 야기한다고 보시는 겁니까?"

종모법을 통해
노비의 수를 조절하다

종모법이란 고려시대 때부터 시행된 제도로 양인과 노비가
혼인하여 자녀를 낳을 경우, 그 신분과 주인을 결정하는 기준
을 어머니의 신분을 따르게 하는 제도이다. 조선시대에는 노
비 소생으로 하여금 아버지의 신분을 따르게 하는 종부법從父
法을 시행하는 등 정권에 따라 종부법, 종모법의 번복이 있었
다. 이는 당시의 양인·양반의 남편과 아내의 성비에 따라 노
비와 양인의 수를 증가 혹은 감소시키는 효과가 있었다. 그런
데 율곡은 여기서 종모법이 원칙대로 지켜지지 않는 것, 즉 양인
여자에게는 종모법이 적용되지 않아 어머니가 양인임에도 그 소
생이 천민으로 취급되어 국가의 부역을 수행하지 못하고 세금을
걷지 못하게 되는 국가적 손실을 비판하고 있다.

〈동호문답〉에서는 양인 여자의 소생들이 개인의 노비, 즉
사노비가 되는 것을 비판한다. 양인 여자의 소생이 사노비가
되면 국가가 소유해야 할 노동력을 개인에게 빼앗기는 것이
기 때문이다. 따라서 종모법을 원칙대로 시행하여 국가 재정,
노동력, 국방 인력으로 충원해야 한다는 의미로 노비의 수를
줄이고 양인의 수를 늘려야 한다고 주장한 것이다. 이런 의미

에서 율곡이 노비의 수를 줄이자고 한 제안을 노비 해방의 의
도로 보는 것은 다소 지나친 해석이다. 종모법 자체가 노비의
수를 증가시키는 효과가 있기 때문이다. 다만, 율곡은 종부법
까지 주장하는 것이 아니라 종모법이 제대로 작동하기를 희망
하는 것이었다.

10

백성을 교화하는 일에 대하여

[교육 제도 개혁]

이 장은 교육 제도의 여러 가지 문제들을 지적하고 대안을 제시하는 내용이다. 교육 제도에 대한 율곡의 제안은 〈동호문답〉에만 있고 〈만언봉사〉에는 없다. 〈동호문답〉은 선조가 막 정치를 시작하려 할 때 국정에 대한 전반적인 조언을 주기 위해서 저술했기 때문이고 〈만언봉사〉는 이미 율곡이 여러 가지 정책의 실패와 민생의 파탄을 목도한 후 저술했기 때문이다. 율곡은 백성을 먼저 양육한 후에 교화가 가능하다고, 즉 백성들의 경제적 빈곤을 면하게 한 후에 교화를 하는 것이 순서라고 생각했다.

손님이 말하였다.

"폐단이 있는 제도를 개혁하고 백성을 편안케 하면 그다음에는 무엇을 해야 합니까?"

주인이 말하였다.

"백성을 양육한 후에야 교화를 하는 것인데 교화하는 방법에는 학교보다 우선하는 것이 없습니다."

손님이 말하였다.

"조정이 학교에 관한 좋은 정책을 강구하지 않는 것이 아닌데도 끝내 실효를 보지 못하는 것은 왜 그렇습니까?"

주인이 말하였다.

"소리를 그치고서 메아리를 기대하고, 형상을 감추고서 그림자를 기대하는 일은 예나 지금이나 있을 수 없는 일입니다. 오늘날 학교에 관한 정치는 학교를 어찌할 도리가 없는 영역에 두고서 좋은 정책을 찾지 않기 때문에 그 실효를 보지 못했을 뿐이지 노력을 했는데도 효과가 없었던 것이 아닙니다. 오늘날은 훈도(訓導 한양 4학과 향교에서 가르치던 교관으로 말단직)를 매우 천한 직업으로 여겨서 빈곤하고 자산이 없는 자들을 구해 그 직을 주어 굶주림과 추위를 면하게 하고 있습니다. 훈도가 된 사람들은 학생에게서 수탈하여 자신을 살찌울 줄만 알 뿐이니 누가 가르침이 어떤 것인지 알겠습니까? 이렇게 하면서 인재를 양성하기를 바란다면 연목구어와 무엇이 다르겠습니까?

오늘날의 문제를 개선하기 위한 방책으로는 다음 방법보다 나은 것이 없습니다. 팔도 감사(監司 관찰사)로 하여금 각 고을에 공문을 보내어 3년마다 한 번 그 고을에서 경학經學과 사학史學에 능통하고 공부의 방향을 알아서 선생으로 삼을 만한 자들을 선발하여 그 이름을 작성하여 관찰사에게 보고하도록 합니다. 관찰사는 각 고을에서 선발된 자들을 모아서 이조로 보냅니다. 이조는 그 명부를 검토하고 공론을 널리 참작하여 더 정선하는 과정을 거칩니다. 훈도를 선발할 때에는 반드시 같은 고을 사람 중에서 뽑아서 임명하고 그 고을 사람이 없으면 이웃 고을의 사람을 임명하며, 이웃 고을에도 훈도로 뽑을 사람이 없으면 같은 도道 사람을 임명합니다. 별도로 기한을 두지 않고 오직 교육을 해내는 데 힘쓰도록 합니다. 나라의 명을 받고 가는 관료들도 훈도를 예로써 대하고 관료가 향교鄕校에 들어가지 않으면 훈도가 영접하지 않게 하며, 관료로 하여금 유생을 시강(試講 외운 유교 경전 글귀를 소리 내어 읽게 하여 시험하는 일)하는 자리 외에 모든 공회公會에 참석하지 않게 합니다. 훈도로 하여금 몸가짐을 갖춰 자중토록 하고 배우는 자들을 독려하게 합니다. 그렇게 한 후에 매년 관찰사가 직접 방문하여 학생들의 성적을 살펴보고, 유생들만 시험을 치고 훈도는 시험하지 않습니다.

만일 유생이 도학을 숭상할 줄 알고 몸가짐을 단정하게 하고 행실을 삼가고 독서에 있어서는 이치를 궁구하는 것[窮理]에 주로 힘쓰면 그런 훈도는 공적이 최상입니다. 만일 유생이 독서하는 데에 게으르지 않고 행동을 조심히 하여 흠이 없고 비록 과거시험만을 위해 공부하는 습속을 면치는 못하더라도 승진에 목매는 지경에 이르지 않았다면 그런 훈도는 공적이 그다음입니다. 만일 유생이 글의 뜻을 잘 이해하고 글을 잘 지을 수 있으면 그런 훈도는 공적이 그다음입니다. 공적이 최상인 훈도에게는 장계를 올려 상을 내리고, 6품의 관직에 임명하여 사림의 기를 펴주고, 공적이 그다음인 자들은 그 노고에 관한 장계를 올려 품급을 올려주어 포상함으로써 가르침을 독려케 합니다. 성적이 그다음인 자들은 관찰사가 격려하여 그들로 하여금 더 노력하여 진보하게 합니다. 여전히 꼼꼼하지 못하고 데면데면한 데다 볼만한 성과가 없는 훈도는 공적을 최하등급으로 매기고, 또 여전히 탐욕스럽고 인색하여 학생들을 수탈하는 선생들은 법에 따라 단죄합니다. 이렇게 하면 훈도라는 직책이 매우 중요한 일로 인식되어서 훈도가 되는 것을 좋게 여기지 않던 선비들도 기꺼이 훈도가 되려고 할 것입니다."

손님이 말하였다.

"오늘날 반궁(泮宮 성균관)은 천하의 모범이 되는 교육기관인데도 그곳 선비들의 행태가 날로 경박해지고 학문을 모르며 다만 명예와 이익만을 추구하니 무슨 방법으로 이 문제를 해결할 수 있겠습니까?"

율곡의 상소

주인이 말하였다.

"그것은 유생儒生들의 잘못이 아닙니다. 조정이 이끌어가는 방식이 합당치 못해서 그런 것입니다. 오늘날 인재를 선발할 때 문文과 예藝만을 중시하고 덕德과 의義는 중히 여기지 않습니다. 비록 하늘의 이치에 통달한 학식을 갖추고 세상 사람들을 뛰어넘는 덕행이 있더라도 과거시험을 통하여 등용되지 못하면 그 사람이 가진 도道를 시험해볼 방법이 없습니다. 또한 성균관에서 원점圓點[97]으로 선비들을 성균관에 모여들게 하니 선비들의 일상생활이 이익을 좇는 요령 아닌 것이 없습니다. 이런 방식으로 조정이 이끌어가면 선비들의 습속을 어떻게 바르게 만들 수 있겠습니까?

오늘날 이 폐단을 타파할 방책은 팔도와 한양 오부(五部 동·서·중·남·북의 다섯 부)에서 매년 한번 생원生員, 진사進士, 유학(幼學 과거를 한 번 친 적이 있으나 아직 벼슬이 없는 자) 중에서 조금이라도 배움에 뜻이 있고 마땅한 일이 아닌 것은 하지 않는 사람을 뽑게 합니다. 이때 그 선발 기준을 반드시 높게 할 필요는 없고 단지 도학을 숭상할 줄 아는 자들은 모두 포함시킵니다. 그들의 이름을 명부에 기록하여 빠짐없이 이

---

97 성균관에서 유생들의 출결을 확인하기 위해 두었던 명부로 식당에 놓여 있었다. 하루에 아침과 저녁 두 번 원점을 하면 1점이고, 300점이 넘어야, 즉 성균관에 300일 이상 머물며 공부해야 관시館試에 응시할 자격이 생겼다.

조吏曹와 예조禮曹에 문서를 보냅니다. 이조와 예조는 한곳에 모여서 그 명부들을 검토하고 토의하여 상사생(上舍生 진사와 생원으로 성균관에 입학한 학생) 200명을 뽑아 성균관에 기거토록 합니다. 다섯 차례로 나누어 한 번에 40명씩 오게 하되, 비록 시골에 있는 사람일지라도 반드시 기한 내에 오게 합니다. 또 유학幼學 200명을 뽑아서 사학(四學 유생을 교육하기 위해 한양에 세운 중학·동학·남학·서학)에 나누어 보내되, 각 학교에 50명씩 두고 다섯 차례로 나누어 한 번에 10명을 오게 합니다. 그리고 그들(생원·진사 200명, 유학 200명)을 '선사選士'라고 부릅니다.

유신儒臣 중에 배움을 크게 성취하고 덕행이 훌륭한 자를 별도로 뽑아서 성균관과 사학의 교관으로 삼고 그들로 하여금 학생들을 가르치게 합니다. 이때 오직 올바른 배움(도학)에 대해서 토론하고 밝히는 것을 주 업무로 합니다. 그 배움은 반드시 인륜에 근본을 두게 하며 사물의 이치를 밝히고 선한 것을 잘 가려서 행하고 자기수양하며 덕을 이루는 것을 기약합니다. 통치의 이치를 밝게 통달하여 경세제민할 뜻을 품게 합니다.

만일 배움과 행실이 모두 이러한 사항에 맞으면 조정으로 나아가 벼슬하게 하여 대간이나 시종(侍從 임금을 곁에서 모시고 경연에 함께 참여하는 직분)의 대열에 함께 참여하게 합니다. 비록 이런 수준에는 못 미치지만 행실에 잘못됨이 없고 나이가 마흔이 넘은 사람도 백집사(百執事 온갖 일을 맡아서 하는 관리)의 직을 줍니다. 만약 도道를 믿되 독실하지 못하고 행동에 삼가는 것이 없는 사람은 명부에서 제외시키고 이조와 예조에서 다시 다른 사람을 선발케 하여 그 빈자리를 충원해야 합니다. 늠양(廩養 관리에게 봉급으로 주는 양곡)은 매우 풍족하고 정결하게 준비하여 조정이 어질고 유능한 인재를 대우하는 도리를 지극히 다해야 합니다. 만약 지방에서 온 유학幼學 중에서 선발된 사람이 있으면 그 인원수의 많고 적음에 따라서 향교나 서원에 기거하게 하고, 적합하게 차례를 나누어서 관청에서 필요한 물품을 나누어주고 훈도에게 가르침을 받을 수 있도록 합니다.

지방에서 온 선사選士 중에서 유달리 배움과 행실이 뛰어난 사람은 주州·현縣에서 해당 관찰사에게 보고하고 관찰사는 그들의 이름을 명부에 기록하여 이조와 예조에 보냅니다. 이들로 하여금 성균관 하재(下齋 성균관에 있던 학생 기숙사로 서재西齋라고도 함)에 기거토록 하고, 그들을 대우함에 있어서 생원들과 차이가 없게 하며, 그들의 실제 덕행을 관찰하여 조정에 올려 벼슬을 줍니다. 이렇게 하면 선비가 된 자들이 모두 덕德과 의義를 존숭할 줄 알고 한갓 문文과 예藝만을 숭상하지는 않을 터이니, 백성도 이런 풍조에 합세하고 이어 온 나라 사람들이 이런 풍조를 좇을 것입니다."

손님이 말하였다.

"생원, 진사, 유학 중에서 선사에 끼지 못한 사람은 어디에 소속시켜야 합니까?"

주인이 말하였다.

"생원과 진사는 성균관에 이름을 올리고, 유학은 사학에 이름을 올리는데 모두 예전과 같이 합니다. 다만, 원점을 하지 않고, 관비로 급식하지 않게 하며 오직 석전대제(釋奠大祭 성균관에 있던 문묘에서 공자 및 선현께 올리는 제사), 그리고 임금의 성균관 순시 때, 상소를 올릴 때에만 모두 모여 식당에서 식사를 하게 합니다."

손님이 말하였다.

"지방 학생들 중 글자를 모르는 사람이 많은데 어떻게 합니까?"

주인이 말하였다.

"군郡·읍邑의 유생들은 모두 정해진 수가 있고, 정원 내의 유생들은 쫓아내기가 어려운 듯합니다. 그렇지만 나이가 어린 사람들을 얻어서 보충하는 것이 맞으니 나이가 많고 재능이 없는 자들을 쫓아내야 할 뿐입니다. 만약 정원 밖의 유생들 중에 가르칠 만하지 않은 사람들이 있으면 모두 군軍에 충원하면 좋을 것입니다."

손님이 말하였다.

"지방의 업유(業儒 유학을 신봉하고 업으로 삼는 사람 혹은 서자
로 유학에 종사하는 사람)는 어디에 소속시킵니까?"

주인이 말하였다.

"그런 경우, 가르칠 만한 사람을 골라내어 향교에 소속시키고,
가르칠 만하지 않는 자들은 쫓아내어 모두 군에 편입시켜도 좋
습니다."

손님이 말하였다.

"만약 불기지사(不羈之士 어디에도 구속되거나 얽매이지 않는 선
비)가 있어서 어디에 소속되지도 않고 산속으로 자취를 감추
고는 두문불출하며 자신이 뜻하는 바를 추구하고 안빈낙도하
는 삶을 영유하는데, 덕德과 의義가 있다는 명성이 먼 곳이나
가까운 곳에 퍼져 있다면 그런 사람은 어떻게 대하여야 합니
까?"

주인이 말하였다.

"그런 사람은 처사(處士 벼슬을 하지 않고 초야에 묻혀 지내는 선

비)인지 아닌지를 검증하고 그 진위를 관찰하여 명성을 헛되이 얻은 것이 아니면 서열을 따지지 않는 지위로 대우하고 임금을 보필하는 일을 맡깁니다."

손님이 말하였다.

"생원이고 진사인데도 원점을 하지 않는다면 과거시험에 응시하는 데에 있어서 유학幼學과 다른 점이 없지요?"

주인이 말하였다.

"그렇습니다."

손님이 말하였다.

"선사는 보통 유생과 과거시험에 응시하는 규정에서도 다른 것이 없겠지요?"

주인이 말하였다.

"식년시(式年試 3년마다 보는 정기 과거시험)와 대과大科 별시別試를 제외하고, 정시(庭試 왕실에 경사가 있을 때 궁 안에서 보던 임시 과거시험)는 오직 선사만 참여하고 보통 유생들은 참여할 수 없게 합니다. 식년시에서는 생원과 진사 중에서 선사가 된 자가 관시(館試 성균관에 기거하는 유생들이 보던 문과 초시)에 나가게 하고, 그 나머지 생원과 진사는 향시(鄕試 조선시대 각 도에서 보던 문과 초시)와 한성시(漢城試 조선시대 한성부漢城府에서 보던 문과 초시)에 응시하게 합니다. 이렇게 하면 유생들이 특히 선사가 되는 것의 중요성을 알게 될 것입니다."

손님이 말하였다.

"선생의 말씀이 참으로 훌륭합니다. 거의 하·은·주 세 시대에 인재를 선발하는 방법과 같군요. 그렇지만 세상의 도가 이미 땅에 떨어졌고 백성의 기만이 날로 많아졌으니 인재를 선발할 때 공정한 도리를 준수하지 않으면 어떻게 합니까?"

주인이 말하였다.

"이것 또한 유속의 의견이지요. 예부터 법과 제도를 수립할 때는 참으로 합당한 사람을 기다려 시행하는 것인데, 또 합당한 사람이 없다고 해서 법과 제도를 수립하지 않는 것은 아닙니다. 법과 제도가 이미 시행되고 풍속이 점차로 변해서 선비들이 부끄러움을 알면 사욕을 따르는 폐단도 저절로 없어지게 됩니다. 사람들이 여전히 사욕에 따라 행동할 것을 걱정해서 단지 옛 제도를 고수하는 데에만 급급하면 이익과 욕심의 그물망에서 벗어날 수 있는 사람은 없습니다. 그렇게 하면서 교육을 밝히고 인재를 낼 수 있겠습니까?"

손님이 말하였다.

"세간에 현자(賢者 어질고 유능한 인재)들이 매우 드물고, 현자
가 아닌 자들이 대다수인데 선생의 말씀대로 한다면 어찌 모
든 사람들이 군자를 원수로 보는 지경에 이르지 않겠습니까?"

주인이 말하였다.

"예부터 정치를 잘한 사람 중에 처음 정치를 시작할 때 비방
을 받지 않은 사람이 없었습니다. 자산子産이 정鄭나라 재상이
되고 1년 동안 비방이 일어 많은 사람들이 그를 죽이고 싶다
는 말을 외고 다녔습니다. 그러나 3년이 지나자 비방이 그쳤
고 많은 사람들이 그가 죽을까 걱정했습니다.[98] 공자께서 노魯
나라 재상이 되셔서 정치를 시작할 때에 백성이 '버려도 죄가
없다[投之無戾]'[99]라고 비방하는 노래를 불렀지만 교화가 이루
어지자 '나에게 은혜를 베푸시되 사사로움이 없으시다[惠我無
私]'라고 칭송하는 노래가 유행했습니다. 오직 옛 도道를 굳건
히 지키고 변함없이 힘써 행하며 좌절하지도 말고 화내지도
말아야 합니다. 그렇게 한 후에야 백성의 마음이 흔들리지 않

---

98 춘추시대 정나라의 재상이 된 자산은 엄한 제도를 시행하여 백성들의 원망을
    샀다. 하지만 확신을 가지고 흔들림 없이 시행한 결과 해가 갈수록 정나라는
    교화되어 백성들도 자산의 공로를 인정하고 그를 신망하였다.

99 출전은 《여씨춘추呂氏春秋》.

율곡의 상소

을 수 있습니다. 또 이러한 제도를 시행할 때는 잘못된 점을 고치는 것만을 허용하고 과거의 잘못을 생각하지 않아야 합니다. 그러면 군자는 개과천선하여 표범이 털을 바꿔 아름답게 되는 것처럼 변할 것이고, 소인들도 감히 악행을 하지 못하고 겉모습이라도 바꿀 것이니 모두 인재 양성에 참여하고자 할 것입니다. 어찌 원망과 비방이 그치지 않을까를 걱정하십니까?"

손님이 말하였다.

"왕도를 행한다는 것이 여기까지겠군요?"

주인이 말하였다.

"제가 말씀드린 것들은 모두 한 시대를 구제할 방책이지 왕도의 심오한 정수가 아닙니다. 백성을 편안하게 하고 양육했으면 예禮와 악樂으로 교화해야 하는데, 그것은 점차적으로 시행해야 합니다. 하루 만에 모두 시행할 수는 없습니다. 먼저 반드시 풍속을 아름답게 변화시키고, 생산하는 일은 정전제井田制의 취지에 맞게 하고, 사람을 등용하는 일은 《주례周禮》에서 말하는 규칙에 합치시키고, 신神을 섬기는 일은 하·은·주 삼대의 예법에 따릅니다. 그런 정도가 되어야 왕도의 심오한 정수에 가깝다고 할 수 있습니다.

오늘날은 토지 소유에 제한을 두지 않아 빈부 차이가 극심하고, 백성은 몸가짐을 단속하지 않아서 향약제도가 기능을 잃었습니다. 또 과거시험의 규정이 빈흥(賓興 중국 주나라 때 인재 채용 제도로 시험이 아닌 천거로 인재를 등용하였다)보다 못해 부끄럽고, 삼청전(三淸殿 조선시대 도교 신전)에서 제사를 지내서 이교의 명맥을 끊지 못하고, 종묘에서 행하는 예법은 옛 제도와 합치하지 않습니다. 이런 상황에서 왕도의 심오한 정수를 어찌 쉽게 말할 수 있겠습니까? 다른 때를 기약하여 다시 말해야 할 뿐입니다."

11

명분을 바로잡는 일이
정치의 급선무임에 대하여

[과거사 청산]

손님이 말하였다.

"오늘날의 급선무가 단지 백성을 편안케 하고 인재를 양성하는 일에 있을 뿐입니까?"

주인이 말하였다.

"좋은 질문입니다. 백성을 편안케 하고 인재를 양성하는 일은 참으로 오늘날의 급선무입니다. 그렇지만 나라가 안정되지 않고 정명正名[100]이 미진하면 비록 백성을 편안케 하고 인재를 양성하고자 하여도 할 수가 없습니다. 우리 왕조가 개국한 이후로 옳은 일과 그른 일의 성쇠가 참으로 많이 반복되었습니다. 그중 많은 사람을 죽음으로 몰고 가기까지 해서 나라의 명

---

100 명분을 바로잡는다는 뜻으로 명분을 실상과 일치되게 만드는 것.

맥을 끊은 일들이 있었으니 을사사화(1545)가 가장 심했습니다. 정순붕·윤원형·이기·임백령·허자[101] 이 다섯 명의 간악한 자들은 하늘도 그 죄를 알 정도이니 죽여도 용서치 못할 자들입니다. 문정왕후文定王后[102]는 깊은 궁전에 계시고, 명종(明宗 1534~1567) 임금은 어린 나이에 상을 당하셨으니 바깥 일들의 시비를 어찌 똑바로 볼 수 있었겠습니까? 이 다섯 명의 간악한 자들은 이때를 틈타 이익을 도모하고 참혹한 살육을 자행하여 위세를 세우고 몰수한 재산으로 자신들의 부를 늘리려 했습니다. 그래서 유언비어를 만들어내어 임금의 귀를 홀리고, 엄한 형벌을 준비하여 거짓 자백을 받아내고, 불량배들을 모아서 자신들의 세력을 확장하려 하고, 세상의 모든 충신과 현신賢臣들을 반역이라는 함정에 몰아넣었습니다. 또 그들은 공의(公議 공정한 도리 혹은 여론)가 끝내 사라지지 않게 될까 걱정하여 나직법(羅織法 없는 죄를 만들어 내어 무고한 자를 처벌하는 법)을 만들었습니다. 그래서 만약 길거리에서 조금이라도 시비를 가리려 논의하는 자가 있으면 '역적을 비호

---

101 이 다섯 명은 을사사화의 주모자들이자 그 공로로 위사공신에 책봉된 신하들이다.

102 중종의 세 번째 부인이자 명종의 어머니로 어린 명종을 대신해 수렴청정했다. 윤원형 일파와 협력하여 윤임과 그 일파 및 사림파를 축출한 사건인 을사사화를 일으켰다.

율곡의 상소

한다'는 명목으로 삼족을 멸하는 처벌을 내렸습니다. 흉악한 계략이 이루어지자 자신들을 위사공신衛社之功으로 기록하였습니다. 아아! 인종(仁宗 1515~1545) 임금께서 병세가 위독하실 때 간곡한 유언을 남기시고, 중종(中宗 1488~1544) 임금의 적자가 오직 한 분이 남아 계시니 형이 죽으면 동생이 계승하는 것[103]은 참으로 하늘과 인간의 도리에 맞는 일입니다. 저 다섯 명의 간악한 자들에게 어떠한 작은 공로라도 있겠습니까? 당시에 모든 신하들이 벌벌 떨고 모든 백성이 슬퍼하고 분하게 여겼는데 종묘와 사직이 망하지 않은 것은 실로 하늘이 내린 행운입니다. 지금 시대에는 이 다섯 명의 간악한 자들이 모두 죽고 공의가 다시 일어나 위로는 고위 관직자들부터 아래로는 백성과 노비에 이르기까지 비분강개하여 팔을 걷어붙이고 다섯 명의 간악한 자들의 인육을 씹고자 하는데도 오직 주상께서만 홀로 모르실 뿐입니다."

손님이 말하였다.

"주상께서 모르신다는 것을 어찌 아십니까?"

---

103 명종은 인종의 동생으로, 중종의 둘째 적자였다.

주인이 말하였다.

"옛날에 춘추시대 군주였던 곽공郭公[104]은 선한 사람을 좋아하였으나 등용하지 못했고, 악한 사람을 싫어했으나 쫓아내지 못해서 끝내 나라를 망하게 했습니다. 오늘날 우리 주상께서는 총명하시고 슬기롭고 지혜로우신 것이 역대 임금들 중에서도 탁월하십니다. 만일 다섯 명의 간악한 자들의 죄를 아신다면 반드시 얼굴을 붉히며 노하시고는 이미 죽은 자들까지 다시 벌하셨을 텐데 지금 이렇게 조용하시기 때문에 주상께서는 모르신다고 여겼을 뿐입니다.

아아! 신하들이 주상을 모실 때 지극한 성실로 모신 것이 아니었다고 할 수 있습니다. 오늘날 첫 번째로 해야 할 일은 정명正名이 가장 앞섭니다. 그런데도 주상께 말하지 못하는 것은 왜 그런 것이겠습니까? 공자께서 말씀하셨습니다.

명분이 바로 서지 않으면 말이 이치에 맞지 않고, 말이 이치에 맞지 않으면 일이 제대로 되지 않으며, 일이 제대로 되지 않으면 예와 음악이 흥성하지 못하고, 예와 음악이 흥성하지 않으면 형벌이 적절하게 시행되지 않고, 형벌이 적절하게 시행되지 않으면 백성이 무엇에 의거하여 행동해야 할지 모른다.[105]

---

104 이름은 적赤으로 자기 나라를 잃고 조曹나라에 귀순하였다.

율곡의 상소

오늘날 충심으로 직언하는 신하들은 배척당해 반역자로 몰리고, 간사한 자들의 우두머리들이 공신으로 기록되니 명분이 바르지 않은 경우가 이보다 더 심한 것이 없습니다. 오늘날의 문제를 해결하기 위한 방책으로는 다음이 가장 급선무입니다. 먼저 위 다섯 명의 간악한 자들의 죄를 폭로하고 그들의 관작을 삭탈하고 '위사(衛社 사직, 즉 국가를 보위하다)'라는 공훈을 모두 삭제합니다. 죄 없이 연루된 사람들은 모두 사면해 주고, 이러한 사실들을 종묘와 사직에 알리고, 조정 안팎으로 널리 알려서 온 나라 사람들과 함께 다시 시작해야 합니다. 이렇게만 한다면 위로는 선대 임금들의 영혼을 위로하고, 아래로는 조정과 백성의 원통한 마음을 풀어줄 수 있어서 새로운 정치가 차츰 이루어질 것입니다."

손님이 말하였다.

"선생의 말씀은 정말로 시국에 적절한 것들입니다. 그렇지만 선대 임금들께서 이미 정해 놓으신 일들을 후대의 왕들이 어찌 감히 바꿀 수 있겠습니까?"

---

105 《논어》. 예와 음악이 흥성하다는 것은 자발적인 절제와 조화의 정신이 충분하다는 것인데, 그렇지 못하다면 형벌을 만들어 시행해도 적절하게 시행될 수 없게 된다.

주인이 여러 차례 긴 한숨을 쉬고는 말하였다.

"유속의 식견이 언제나 이렇기 때문에 이상적인 통치가 끝내 이 땅에 실현될 수 없는 겁니다. 효孝란 조상의 뜻을 잘 계승하고, 조상이 한 일을 잘 발전시키는 것입니다. 호선질악(好善嫉惡 선한 것을 좋아하고 악한 것을 싫어하는 것)은 명종 임금의 뜻이고, 권선징악勸善懲惡은 명종 임금께서 하신 일입니다. 저런 간악한 무리들이 임금의 총명함을 흐리고 기만하니 한때 간사한 꾀를 자행하였지만, 임금이 내리는 형벌을 만세토록 피하기는 어렵습니다. 오늘날 우리 명종께서는 하늘에 계시면서 간사한 일들의 상황을 이미 훤히 알고 계시고, 또 반드시 저승에서 진노하셔서 우리 주상의 손을 빌려 처단하고 싶어 하실 것입니다. 주상께서 장차 선왕의 뜻을 계승하고 선왕께서 하신 일을 발전시켜서 하늘에 계신 명종의 뜻에 부응하셔야겠습니까? 그러지 않으면 장차 잘못된 것들을 계승하고 그대로 따라서 땅속의 간사하고 흉악한 귀신들을 기쁘게 하셔야겠습니까?

아아! 국시(國是 나라의 근본 방침이나 이념)가 불안하면 사람들의 마음이 쉽게 흔들리고, 명분을 바로잡는 데에 미진한 바가 있으면 좋은 통치를 이룩하기가 어렵습니다. 만약 간사한 도적들의 주머니를 깨끗하게 정리하여 나라의 원기를 지켜내지 않으면 군자는 기댈 곳이 없어서 충성을 다 바칠 수 없고, 소인들은 틈을 엿보아서 악행을 계속하려 할 것입니다. 이렇게 되면 나라가 제대로 된 나라인지 알 수 없게 됩니다. 만약 선생의 말씀처럼 이미 정해진 사안이라고 핑계 대고 꼭 바꾸지 않는 것을 효孝라고 생각한다면, 옛날에 문왕文王께서 상나라를 섬겼는데 그의 아들 무왕武王은 상나라 주왕紂王을 토벌하였으니 이것도 아버지의 방식에 위배된다고 할 수 있습니까?"

손님이 두 번 절하고 말하였다.

"선생의 말씀이 훌륭합니다. 선생의 말씀이 만약 시행되면 우리 동방이 삼왕오제가 행한 이상적인 통치를 다시 볼 것입니다."

주인이 돌아 나가서 손님과 나눈 말을 기록하였다.

〈만언봉사〉에 관하여

〈만언봉사〉는 당시 왕명의 출납을 맡는 관직인 우부승지(右副承旨 정3품 당상관)였던 율곡이 선조에게 올린 상소문이다. 재이(災異 하늘과 땅에서 일어나는 괴이한 일 또는 재앙)가 발생하여 당황한 선조가 제언을 구하는 교지를 내렸고, 이에 율곡은 난국을 어떻게 타개해야 하는지의 내용을 담은 상소를 올렸다. 이 글에서 율곡은 조선 사회의 문제와 제도의 폐단을 낱낱이 분석하고 그 해결책을 제안한다.

그의 어조는 단호하고 때로는 지나치게 직설적이어서 임금을 꾸짖는 것처럼 보이기도 한다. 율곡은 임금의 총명함과 영민함을 칭송하는 것으로 이야기를 시작하지만 결국 그러한 자질이 좋은 정치로 연결되지 못한 이유를 들고 시정 방법을 제시한다.

만언봉사

萬言封事

01

임금이 직언을 구하다

임금(선조)께서 다음과 같이 말씀하셨다.

"하늘이란 이理와 기氣일 뿐이다. 이理에는 드러남과 은미함
(겉으로 드러나지 않음)의 구별이 없고, 기氣에는 흐르고 통하는
원리가 있으며, 사람의 일에는 얻는 것과 잃는 것이 있어 길흉
이 각각 그 종류에 따라 호응한다. 따라서 나라가 장차 흥하려
면 반드시 좋은 징조가 나타나서 알려주고, 나라가 장차 망하려
면 반드시 나쁜 징조가 나타나서 알려준다. 아래에서 정치를 잘
못하면, 위에서 꾸지람을 보여주는 것이다. 선한 사람에게는 복
을 내리고 난을 일으키는 자에게는 재앙을 내리는 것은 변함없
는 하늘의 이치이다. 모두 임금을 자애롭게 만들고 나라를 평안
하게 하려는 것이니 상제上帝께서 돌보시는 뜻이 또한 지극하
도다! 하늘로부터 밝은 명을 받아서 임금이 된 자가 공경하고
근면하며 행동을 삼가하여서 황천(皇天 상제)의 인애仁愛로운

율곡의 상소

마음 씀에 어찌 보답하지 않을 수 있겠는가?

　나는 덕이 없고 사리에 어두워 위대한 도道를 이해하지 못하고 대저代邸[1]에 조용히 기거하며 평생을 보내려고 하였다. 불행히도 외람되게 선왕의 유언을 받들고, 갑자기 신하들과 백성의 추대를 받았다. 부귀한 자가 하는 '걱정'은 빈천한 자가 누리는 '편안함'보다 못하고, 말세에 통치하기가 어려움은 바다를 건너는 어려움과도 같은 것임을 매우 잘 알고 있지만, 비록 왕위를 사양하고자 한들 가능한 일이겠는가? 영민하지 못한 자질로 어렵고 막대한 왕업을 지키려니 그 짊어진 무게가 너무나 무겁고 시행하는 일마다 잘못되어버렸다. 혹시 하늘과 백성에게 죄를 짓게 될지 몰라서 벌벌 떨며 깊은 연못가에 서 있는 듯, 얇은 얼음을 밟고 지나가듯 긴장하며 부지런히 일해온 것이 7년이 되었다. 그동안 감히 놀거나 즐기지 못했다. 그런데도 일한 것의 효과는 조금도 나타나지 않고 여러 괴의한 일들이 연거푸 일어났다. 요사스러운 별이 한 해가 지나도록 사라지지 않고, 태백성(太白星 금성)이 낮에 나타나 빛을 내고, 우레가 때아니게 치고 지진도 수차례 일어났다. 이런 것들은 내가 덕행에 힘쓰지 않아서 그런 것이니 어찌 마음속에

1　임금이 즉위하기 전에 기거하던 관저. 한나라 문제文帝는 즉위하기 전에 대代 땅의 왕으로 있었기 때문에 대왕代王으로 불렸다. 대왕이 즉위하기 전에 거처하던 관저를 대저라고 한다.

죄책감이 없겠는가? 상실감은 점차 더 커지고, 무언가 뒤집히는 큰 재앙이 없기를 바라고 있었는데 하늘이 노하여 더 꾸짖어 더 심한 이변 현상이 일었다. 지난달 한양에서는 하얀 무지개가 해를 꿰뚫고 지나가는 등 요사한 기운이 태양 가까이에 이르렀다. 해는 모든 양陽 중에서 으뜸이고, 임금을 표상하는 것이다. 그런데 그것이 사악한 기운에 의해 침범당했으니 나는 놀라고 마음이 아파서 그런 상황을 쉽게 받아들일 수 없었다. 어찌 사람이 한 일[人事]에 차질이 없는데 하늘이 꾸지람을 내렸겠는가?

옛날에 태무(太戊 중국 상나라 9대 왕)께서 덕을 닦으시자 요사스러운 뽕나무가 저절로 없어졌고, 송나라 경공景公이 선한 말을 하자 형혹(熒惑 화성의 옛 말로 전쟁, 기근, 역병 등의 징조였다)이 물러났다. 사람들의 직언을 널리 받아들이면 재앙을 돌려서 복된 일로 만들 수 있다. 생각건대, 임금의 마음은 통치가 나오는 근원인데 마음에 바르지 않은 부분이 있는 것은 아닌지, 강학(講學 배움에 대해 토론함)이란 앎을 터득하는 일인데 배움에 진보가 없는 것은 아닌지, 조정이란 나라의 모범인데 허위와 일 벌이기 좋아하는 풍조가 있는 것은 아닌지, 민생이란 나라의 근본인데 민생에 참혹스러운 곤궁함과 불안감이 있는 것은 아닌지, 현자와 간사한 자들이 조정에 뒤섞여 등용되었는데 혹시 모르고 있는 것은 아닌지, 정권을 멋대로 휘

율곡의 상소

두를 여지가 있어서 혹시 상관을 능멸하는 것[陵上]은 아닌지, 언로(言路 임금께 신하가 말을 올릴 길)가 열리지 않아서 귀와 눈이 막혀 있는 것은 아닌지, 재야에 은거하고 있는 재주나 슬기가 뛰어난 인재들이 아직 등용되지 못한 것은 아닌지, 온갖 관료들이 나태하게 놀고 있는 여러 국가사업들이 그릇된 것은 아닌지, 재판이 지체되어 백성의 원망이 많은 것은 아닌지 의심스럽다.

그리하여 사치스럽고 무엄한 일들이 여전히 넘치는데 어떻게 그것들을 변화시켜야 할지, 사람의 마음이 날로 악해지는데 어떻게 그것들을 교화해야 할지, 도적들이 사방에서 기승하는데 어떻게 근절해야 할지, 군사 행정은 엄정하지 않은데 어떻게 보완해야 할지 고민이다. 이런 무수한 일들이 재앙을 초래하는 것이다. 도대체 어떻게 하면 백성이 풍요롭게 생활하고 번성하며, 정치와 교화가 함께 성공하고, 선대 임금의 융성한 통치를 다시 실현시키고, 태평성대였던 요순시대의 뒤를 좇고, 그 공로가 역사에 기록되고, 후세 사람들에게 모범이 될지 모르겠다.

아! 하늘의 도상을 우러러 살피고 세상일을 굽어살피니, 나는 훌륭한 임금이 될 수 없을 듯하고 끝내 나라를 위태롭고 혼란케 할 것이 분명하다! 그래서 제언을 구하는 교지를 여러 번 내렸는데, 상소하는 글이 올라왔다는 이야기는 듣지 못했다. 이는 내 언사에 거짓이 있고 제언을 구하는 진심이 부족하여서 신하들이 주저하고 의심을 품어 제언을 올리지 않은 것일 터이다. 그러므로 내가 손수 교지를 내려서 제언에 목마른 것과 같이 듣길 바라니, 그대들 대소 신료들은 위로는 조정 대신부터 아래로는 재야의 인사까지 온 마음을 다하여 숨기지 말고 모두 말하라! 말이 비록 적절치 않은 부분이 있더라도 죄를 묻지 않을 것이다. 그대들 정부 관리들은 나의 지극한 속마음을 깊이 헤아려 조정 안팎으로 포고하고 모두가 듣고 알도록 하라.

02

때에 맞는 정치 개혁

신臣은 다음과 같이 생각합니다. 정치에서는 때를 아는 것이 가장 중요하고, 일에 있어서는 실효에 힘쓰는 것이 긴요합니다. 정치하면서 시의적절함을 모르거나 일을 하면서 실효와 업적에 힘쓰지 않으면 비록 성군聖君과 현신賢臣이 서로 만나더라도 통치의 효과가 없습니다.

삼가 생각건대, 전하께서는 총명하시고 영특하시며 의지가 강하시고 선비를 좋아하시고 백성을 아끼십니다. 궁 안에서는 음악과 술, 여색을 즐기지 않으시고, 궁 밖에서는 말 타기와 사냥하는 취미를 끊으셨습니다. 옛 임금들이 자신들의 마음과 덕을 해롭게 만들었던 것들을 전하께서는 모두 달가워하지 않으십니다. 나이 든 원숙한 신하들에게 의지하고, 덕망 높은 인사를 발탁하여 등용하고, 재주 많고 슬기로운 자들을 널리 불러들이셔서 벼슬길이 점차 깨끗해졌습니다. 관대하게 직언을 받아들이셔서 공론이 풍성하게 일어났습니다. 조정과 재야의 인사들이 모두 우러르며 훌륭한 통치를 보기를 기대하고 있습니다. 마땅히 나라 기강도 엄숙해지고 민중의 삶도 자신들의 생업을 즐겨야 할 것입니다.

그러나 기강으로 말하면, 사욕을 따르고 공적인 것을 버려두는 것이 예전과 같고, 명령을 내려도 실행되지 않는 것이 예전과 같습니다. 온갖 관리들이 직무에 태만한 것도 예전과 같습니다. 민중의 삶으로 말하면, 집안에 일정한 생업이 없는 것이 예전 그대로이고, 거주할 곳을 잃고 떠돌아다니는 것도 예전 그대로입니다. 백성들이 거리낌 없이 제멋대로 악을 행하는 것도 예전 그대로입니다.

신은 이런 현실을 개탄하며 홀로 그 이유를 깊이 생각하여 전하께 알리려 하였는데 마땅한 기회를 얻지 못했습니다. 어제 전하께서 하늘이 내린 재앙 때문에 대신들에게 내린 유지를 보니 전하께서도 크게 의심스러워하시고 깊이 탄식하시며, 사태를 해결할 방책을 듣기 원하신다는 것을 알았습니다. 이는 참으로 뜻있는 선비가 말을 쏟아낼 때입니다. 하지만 대신들이 지나치게 당황하여 하고자 하는 말이 있어도 끝내 다 하지 못하는 것이 아쉽습니다.

재이[2]가 일어나는 것은 하늘의 뜻이 깊고 원대하여 참으로 예측하여 살피기가 어렵지만, 역시 하늘이 임금을 인자하게 아끼는 것에 불과할 뿐입니다. 역사를 두루 살펴보면 명철하고 의로운 왕이 큰일을 할 수 있는데도 정치가 간혹 잘되지 않으면 하늘은 반드시 꾸지람을 보여주어 경각심을 갖게 하였습니다. 자포자기한 임금에 대해서는 하늘이 그를 잊어 오히려 재이가 없었습니다. 그러므로 재앙이 없는 것이 재앙이고, 세상에서 가장 심한 재앙입니다. 오늘날 전하께서는 총명하시고 덕이 높으시며 큰일을 해볼 만한 지위에 있으시고 큰일을 해볼 만한 시기를 만나셨습니다. 그런데도 나라의 기강이 이러하고 민생이 이러하면 황천께서 내려주신 소임에 책임을 다 지지 못한 것입니다. 설령 경성(景星 좋은 징조를 나타내는 별)이 날마다 나타나고 경운(慶雲 태평한 시절에 나타난다는 구름)이 날로 일어나더라도 전하께서는 위태롭고 두려운 마음을 가지셔야 할 것입니다. 그런데 여러 재이가 거듭 나타나고 하루라도 그냥 지나가는 날이 없으니 황천께서 임금을 자애롭게 아끼시는 마음이 깊다는 것을 알 수 있습니다. 이러

---

2 재이는 하늘이 내린 재앙이나 괴의한 일로써, 천재지변과는 조금 다르다. 인명 피해나 큰 경제적 손실을 내는 자연재해뿐만 아니라 사람들이 생각할 때 상서롭지 못한 일도 재이이다. 재이를 계기로 율곡이 〈만언봉사〉를 짓게 된 것이다. 그때 발생한 재이는 하얀 무지개가 해를 꿰뚫고 지나간 일이었다.

한데 전하께서 두려워하며 자기수양을 하고 반성하는 일을 조금이라도 느슨하게 하실 수 있겠습니까?

그렇다 하더라도 시의적절함을 모르고 실효와 업적에 힘쓰지 않으시면, 위태롭고 두려워하는 마음이 아무리 강하다고 해도 통치의 효과는 끝내 요원한 일이 되고 맙니다. 민생을 어찌 보호하며 하늘의 진노를 어찌 그치게 할 수 있겠습니까? 신은 이제 알아낸 것을 모두 쏟아내어서 우선 고질적인 폐단을 말하고 그다음에 해결책을 말씀드리겠습니다. 삼가 바라건대 전하께서는 마음을 비우고 기운을 편하게 하셔서 번잡한 이야기를 싫증 내지 마시고 거슬리는 내용에 화내지 마시고 슬기롭게 살펴봐 주십시오.

시의적절함이란 때에 맞게 적절하게 바뀌서 상황과 통하게 하는 것으로 제도나 법을 마련하여 백성을 돕는 것을 말합니다. 정자께서는 관련된《주역》구절에 대해서 다음과 같이 말씀하셨습니다.

때를 알고 형세를 파악하는 것은《주역》을 공부하면서 배우는 큰 법칙이다.

또, 다음과 같이 말씀하셨습니다.

율곡의 상소

때에 맞게 적절히 바꾸는 것이 곧 불변의 이치이다.

법이나 제도는 때에 맞게 제정합니다. 시대가 변하면 그에 맞는 법이나 제도도 달라집니다. 순임금이 요임금을 계승해서 왕이 되었으면 당연히 달라지는 것이 없어야 할 텐데 순은 9주를 나누어 12주로 만들었습니다. 우임금이 순임금을 계승해서 왕이 되었으면 당연히 달라지는 것이 없어야 할 텐데 12주를 개혁하여 9주로 만들었습니다. 이런 것들이 어찌 성인聖人들이 개혁하기를 즐겨서 그랬던 것이겠습니까? 그들은 단지 때에 따라서 적절하게 다스리기 위해서 그랬을 뿐입니다. 그렇기 때문에 정자께서는 다음과 같이 말씀하셨습니다.

우는 순을, 순은 요를 계승하였지만 그들의 예악 제도는 기상이 자연히 조금씩 달랐다.

하나라와 상나라 이후로는 그사이에 있었던 약간의 변화를 일일이 나열할 수는 없습니다. 대체적으로 이야기하면, 하나라 사람들은 충忠을 숭상했는데 충이 야기하는 폐단 때문에 그것을 질(質 본연의 것, 순박함)로 해결하려 했습니다. 질이 야기하는 폐단 때문에 그것을 문(文 겉으로 드러난 문채文彩, 형식 혹은 세련됨)으로 해결하려 했습니다. 그런데 문이 야기하는

폐단을 해결하지 못한 이후에 천하는 질서를 잃었습니다. 그
래서 천하 사람들은 강한 나라 진秦나라에 편입되었는데 진
나라는 포학한 정치를 하고《시경》,《서경》등의 경서를 불태
워 없앴습니다.[3]

이후에 한나라가 건국된 후에는 진나라의 폐단을 거울로
삼아 너그러운 덕과 경학經學을 숭상하였습니다. 곧 그러한
것의 폐단이 생겨나서 공허한 문장을 숭상하고 실질적인 절
의는 없어지게 되어 권세가 외척들에게로 옮겨가고 아첨과
말재주를 중시하는 풍조가 생겨났습니다.

후한 광무제(光武帝 한 왕조를 중흥시킨 후한의 초대 황제
6~57)가 한 왕조를 중흥시키고 절의를 존숭하니 그때 이후로
선비들이 명예와 절개를 지키는 일에 힘썼습니다. 그것의 폐
단은 예禮로써 적절히 절제하는 법을 모르는 것이었으니, 죽
음을 집에 돌아가는 것처럼 쉽게 보았고, 괴롭게 절제하는 것
이 적절함을 잃었습니다. 사람들 모두 그런 풍조를 싫어했지
만 당시 지혜로운 군주가 나오지 않아 이를 해결하지 못했습
니다. 결국 괴로울 정도로 절제하는 풍조가 위진魏晉 시대의
호탕함으로 변했습니다. 위진 사람들은 현학(玄學 노장 사상을

---

3 진 시황이 천하를 통일하고《시경》,《서경》, 제자백가의 서적을 불태운 분서焚
書 사건을 말한다.

기반으로 한 철학 논변)을 숭상하여 예법이 없었으며, 예법이 없어진 후에는 오랑캐들과 그들 간에 차이가 사라졌습니다. 그래서 다섯 오랑캐[4]가 중화中華를 침범하여 난을 일으켜 중원中原은 썩어 문드러졌습니다.

난세亂世가 극에 달하면 치세(治世 잘 다스려지는 세상)를 맞이하기 때문에 정관지치(貞觀之治 당 태종이 성취한 중국 역사상 손에 꼽히는 훌륭한 통치)가 왔습니다. 하지만 폐단을 바로잡을 때 적절한 이치대로 못 한 것이 있어서 여전히 오랑캐의 풍습이 남았습니다. 삼강(三綱 임금과 신하, 어버이와 자식, 남편과 아내 사이에 마땅히 지켜야 할 도리)이 바로 서지 않아서 임금은 임금답지 못하고 신하는 신하답지 못하고 번진(藩鎮 변방에 설치한 관아)에서는 조회하여 공물을 바치지 않고, 권세를 쥔 신하들이 멋대로 날뛰었습니다. 그렇게 나라가 점차로 쇠약해져서 당나라 멸망 이후 오대(五代 후량, 후당, 후진後晋, 후한, 후주)가 건국되었다 패망하는 난세가 있었습니다.

송나라가 세워진 이후에는 번진에서 반란이 생기지 않을까 염려하여 번진의 병권을 해산시키고 중앙 정부에서 병권을 거두어들였습니다.[5] 진종(眞宗 북송 3대 황제, 968~1022) 때

4 　흉노, 갈, 선비, 저, 강.
5 　송 태조 조광윤이 공신들과 지방 절도사들의 병권을 거두어들인 일을 말한

부터는 나라가 태평한 것에 익숙해져서 기강이 점차로 해이해지고 군사 전략은 경쟁력을 잃었습니다. 인종(仁宗 북송 4대 황제, 1010~1063) 때는 비록 부유하고 번성했지만 나라에 쇠미한 형상이 이미 드러나기 시작하여 당시의 큰 현신賢臣들은 모두 개혁할 방책에 골몰하였습니다.

그러다가 바로 신종(神宗 북송 6대 황제, 1048~1085) 때에 와서 개혁할 만한 기회를 맞았고 큰일을 해낼 뜻을 가졌습니다. 그러나 왕의 큰 신임을 받았던 신하 왕안석(王安石 북송의 개혁 정치가, 1021~1086)은 인의仁義를 뒤로하고 공리(功利 업적이나 이익)를 앞세우며 하늘과 땅의 도리를 어겨 혼란과 패망을 재촉해 개혁을 안 하느니만 못한 결과를 가져왔습니다. 결국 큰 재앙을 초래하여 중화를 오랑캐로 변하게 하였으니[6]

다. 태조가 즉위한 후 얼마 지나지 않아 번진에서 반란이 일어났다. 이를 진압하고 난 태조는 공신들을 불러 술을 마시면서 공신들이나 절도사들이 병권을 가지고 있으면 반란이 일어날까 우려된다고 말하며 그들의 병권을 거두어들였다. 이 역사적 사건을 '배주석병권杯酒釋兵權'이라고 한다. 술을 마시면서 병권을 해제시켰다는 말이다. 태조 역시 진교의 변란 때 신하들이 황포를 입혀 얼떨결에 반란을 하여 왕이 되었기 때문에 그런 상황이 공신들에게 일어나지 않을까 걱정한 것이다.

6   송은 왕안석이 제안한 신법의 시행과 폐지를 겪으며 국력이 쇠하였다. 약화된 송은 60여 년 뒤 여진족의 침략을 받아 수도 개봉을 빼앗기고 남하하게 되었다.

다른 무엇을 더 말하겠습니까?[7]

수천 년 동안 대대로 치세와 난세를 거듭한 자취가 대개 이렇습니다. 때에 맞게 세상을 잘 구제한 것은 하·은·주 시대에만 나타났을 뿐, 이 세 시대 이후에는 잘 구제한 경우가 매우 드물고 구제했다 해도 '도道'의 기준에는 미진한 점이 있습니다. 때에 따라서 적절하게 바꿀 만한 것은 법과 제도이고, 고금을 통틀어서 바꿔서는 안 되는 것은 왕도王道 정치요, 인仁한 정치요, 삼강三綱이요, 오상(五常 인仁, 의義, 예禮, 지智, 신信이라는 다섯 덕목)입니다. 그런데 후세에는 도술(道術 도학)이 아직 분명히 정립되지 않아서 바꿔서는 안 되는 것인데 때때로 바꾸고, 바꿀 만한 것들은 때때로 고수합니다. 이 때문에 제대로 다스려지는 세월은 늘 적고, 혼란에 휩싸인 세월은 늘 많았던 것입니다.

그리고 우리나라로 말하면, 기자箕子가 지은 여덟 조목은

---

7 율곡이 왕안석의 개혁에 대해 내린 평가는 부정적이다. 유신儒臣이자 유능한 경세가로서 송 대를 통틀어서 가장 광범위한 개혁을 단행했던 왕안석에 대해서 도학가들은 각기 다른 평가를 내렸다. 긍정 혹은 부정하는 이가 있는가 하면, 어떤 이는 부분적으로 개혁의 정당성과 방향을 높이 평가하기도 하였다. 주목할 점은, 율곡이 〈동호문답〉과 〈만언봉사〉에서 아주 적극적으로 개혁에 대한 의지를 보이고 있음에도 왕안석의 개혁 방향에 대해 비판하는 것을 보면, 율곡이 지향하는 것이 단순한 개혁이 아니라, '도학의 이념에 합치하는 개혁'임을 알 수 있다.

문헌으로 고증할 수가 없고, 삼국이 서로 대치하며 괴롭히던 시기의 정치와 교화에 대해서는 듣지 못했고, 전 왕조 500년은 비바람이 치고 어두운 시대였습니다. 우리 조선 왕조에 이르러서야 태조께서 국운을 여시고 세종께서 수성하셔서 처음 《경제육전》을 사용하시고, 성종成宗 때에는 《경국대전》을 간행하셨고, 그 후에 때에 따라 적절하게 제도나 법을 만들어 그것들을 《대전속록大典續錄》이라고 이름 붙이셨습니다. 성왕聖王이 성왕으로 계승되었으니 당연히 달라지는 부분이 없어야 하지만 어떤 임금은 《경제육전》을 쓰고, 어떤 임금은 《경국대전》을 쓰고, 어떤 임금은 거기에 《대전속록大典續錄》을 추가했으니, 모두 때에 맞게 적절하게 사용했을 뿐입니다. 각자 자신들의 시대에 새로운 법과 제도를 건의하고 만드는 것을 사람들이 이상하게 생각하지 않았고 법과 제도가 지체되지 않고 시행되어서 백성의 막힌 숨통을 틔웠습니다.

연산군 때에는 나라가 혼란스럽고 그 씀씀이가 사치스럽고 번잡하여 선대 임금의 토지 세금 제도를 바꾸고 날마다 하층민의 것을 걷어서 상층민에게 더해 주는 것을 일삼았습니다. 그래서 중종이 반정反正[8]한 이후에는 정치가 마땅히 연산군

---

8 조선시대 때 무능하고 포악한 임금을 폐위하고 새로운 왕을 세우는 일을 말한다. 왕조를 교체하는 역성혁명이 아니고 정통성을 유지한 채로 왕위만 교체하는 것이다. 연산군을 폐위하고 중종을 옹립한 중종반정(1506)과 광해군

이전으로 돌아가야 하거늘, 초기에 나랏일을 맡은 자들은 단지 반정공신[9]일 뿐이고 견식이 없었습니다. 그 후에 기묘년 (1519)의 여러 현신들이 큰일을 조금 해보려고 하였다가 칼날과 같은 참소를 당하여 피와 살이 터지는 고초를 겪었습니다.

그리고 이어서 을사사화(1545)가 났는데 기묘사화 때보다도 더 참혹했습니다. 이때부터 사림들은 눈치만 보고 숨도 제대로 못 쉬고 구차하게 살아남는 것을 다행으로 여기면서 나랏일을 감히 입 밖에 내지 못하였습니다. 그래서 오직 권세 있는 간신 무리들이 마음 놓고 멋대로 굴며 자신에게 이익이 되는 것은 옛 제도라고 하며 지키게 하였습니다. 자신들의 사사로운 이익에 방해가 되면 새로운 제도라고 하며 없애거나 개혁하였습니다. 결과적으로 백성을 수탈하여 자신들을 살찌울 뿐이었습니다. 나라의 형세가 일그러져가고 나라의 근본이 날로 잘려나가는 지경인데 누가 조금이라도 해결할 마음을 냈겠습니까?

전하께서는 다행히 도덕적이고 밝은 세상을 만나고 배움에 뜻을 두시고 민생을 생각하시니, 때에 따라 적절하게 법과

을 폐위하고 인조를 옹립한 인조반정(1623)이 그 예이다.

9 반정을 성공시키는 데 공을 세운 신하를 반정공신이라고 한다. 중종반정 때 공신들은 정국공신靖國功臣이라는 공신 칭호를 받았다.

제도를 마련하여 한 시대를 바로잡아 구제할 수 있습니다. 그러나 임금께서는 자칫 한단지보邯鄲之步[10]가 될까 우려하시어 제도를 바꾸려는 생각이 없으십니다. 신하들은 다른 사람에 대해 논하는 경우는 왕안석이 겪은 우환[11]을 자기도 겪을까 걱정합니다. 자애(自愛 자신을 소중히 하는 것, 즉 몸조심)하는 경우는 기묘사화와 같은 실패가 있을까 두려워합니다. 걱정과 두려움이 커서 누구도 감히 개혁에 관한 목소리를 내지 못하고 있습니다.

오늘날의 정치에 대해서 말해보겠습니다. 나라의 세금 제도는 연산군 때 백성을 괴롭히던 제도를 그대로 따르고 있고, 관리의 임용은 권세를 쥔 간신들이 청탁하는 관습을 그대로 따릅니다. 문예文藝를 덕행德行보다도 우선시하여 덕행이 뛰어난 자는 끝내 하찮은 벼슬에 머물고, 문벌을 중시하여 어진 인재는 경시하고, 집안이 하찮은 자들은 자신의 재능과 기예를 펼칠 수조차 없습니다. 또, 승지(承旨 왕명의 출납을 맡은 관

---

10 전국시대 때 한단에 간 사람이 한단의 걸음걸이를 흉내 내다가 돌아와서는 한단의 걸음걸이도 원래 자신의 걸음걸이도 잊어버렸다는 고사에서 유래한 성어이다. 이후 분수도 모르고 남을 따라 하다가 본연의 것을 잃어버린다는 뜻을 갖게 되었다.

11 왕안석은 북송 신종의 신임을 배경으로 개혁 정책을 단행하면서 사마광을 영수로 한 보수파들과 대립하여 반대자들을 지방으로 좌천 보내기도 했다. 그러나 결국 반대파의 맹렬한 공격으로 인해 그 역시 사임할 수밖에 없었다.

율곡의 상소

직)[12]가 임금 앞에 나아가 아뢸 수 없기에 임금께서 원래 가까웠던 신하들과는 관계가 소원해지고 환관들과 더 친하게 되었습니다. 홍문관 시종들이 조정의 논의에 참여하지 못해서 유신들이 가벼이 여겨지고 속된 논의가 중시되었습니다. 관리들은 한 관직에 오래 있지 않고 청현직(淸顯職 문벌과 학식이 높은 사람이 오르는 고위직인 청직과 높고 중요한 관직인 현직을 함께 부르는 말)을 두루 거치는 것을 영예로 여깁니다. 또, 직무를 나누어 맡기지 않고 말단 관리에게 일임하기 바쁩니다. 그리하여 폐습과 잘못된 관행을 낱낱이 아뢰기가 어려운데, 모두 기묘사화 때가 아니면 반드시 을사사화 때 시작된 것들입니다. 그러나 오늘날 논의는 그러한 잘못된 관습들을 선대 임금이 정해놓은 제도[祖宗之法]로 보고서 감히 개혁론을 꺼내지 못합니다. 이것이 바로 시의적절함을 모르는 모습입니다.

비록 성왕이 만든 법과 제도라도 현명한 후손이 나와서 고쳐 시대에 맞게 만들 수 없으면 끝내 폐단이 생길 것입니다. 주공周公과 같은 큰 성인聖人도 노나라를 잘 다스렸지만 훗날

---

12 율곡이 〈만언봉사〉를 쓸 때의 관직이 승지 중 하나인 우부승지였다. 조선시대의 승지는 총 여섯이었는데 이를 육승지라고 한다. 도승지都承旨·좌승지左承旨·우승지右承旨·좌부승지左副承旨·우부승지右副承旨·동부승지東副承旨라고 하고 그중 비서실장 격인 도승지가 이들의 수장이었다.

쇠약해지는 형세를 구제할 수 없었습니다. 강태공姜太公과 같은 큰 현신賢臣도 제나라를 잘 다스렸지만 훗날에 일어날 왕위 찬탈의 조짐을 제거할 수 없었습니다.[13] 만약 제나라와 노나라의 현명한 후손들이 선현들의 유지를 잘 따르면서도 선현들이 제정한 제도나 법에 얽매이지 않았다면 어찌 쇠퇴함과 혼란과 같은 화를 입었겠습니까?

우리나라의 선왕이 처음 법과 제도를 만들었을 때, 매우 꼼꼼하고 상세하게 만들었습니다. 200년이란 세월이 지나고 나니 시대와 사안이 많이 바뀌어서 폐단이 없지 않기에 바꿔 고쳐야 합니다. 더군다나 훗날에 생긴 잘못된 관행들은 서둘러 개혁해야 하는데, 이는 불에 타고 있는 사람을 구하고 물에 빠진 사람을 건져내듯이 해야 할 것입니다. 《주역》에 다음과 같은 말이 있습니다.

궁하면 변하고, 변하면 통한다.[窮則變, 變則通]

삼가 바라건대, 전하께서는 이 말씀을 유념하시고, 법과 제도를 고쳐서 오늘날의 시대에도 통하게 할 방법에 대해 생각하소서.

---

13 〈깊이 읽기 01〉 참조.

노나라와 제나라의 홍망성쇠

주나라의 제후국인 노나라와 제나라는 각각 주공周公과 강태공이라는 주나라의 건국공신이자 중국 역사상 최고의 정치가를 시조로 둔 나라이다. 이 둘은 주나라 초기에 나라의 기틀을 마련했다. 이러한 훌륭한 인물을 시조로 둔 나라들도 훗날에 일어날 쇠퇴와 혼란을 피해 갈 수 없었다. 율곡은 이 두 나라가 성현에 의해 기초가 닦이고 강대국으로 출발했지만 후대로 가면서 시대에 맞는 제도 개혁을 하지 못해 나라가 쇠퇴하게 되었다고 보았다.

노나라는 공자가 태어난 곳이다. 그리고 공자가 존숭했던 주공이 노나라의 시조가 된다. 주공은 문왕文王의 아들이자 무왕武王의 동생으로 무왕을 도와 무도한 주왕紂王을 토벌하고, 주나라의 제도와 문물을 정비하였다. 당시 정국이 불안했기 때문에 곡부曲阜를 봉지封地로 받았음에도 주공은 봉지로 가지 않고 무왕의 아들 성왕成王을 섭정하였다.

춘추시대 초기에 노나라는 강한 나라에 속했다. 그러나 세월이 흐르면서 귀족들이 권세를 잡고 임금을 좌지우지하였다. 노나라 환공桓公의 후손인 맹손씨孟孫氏·숙손씨叔孫氏·계손씨季孫氏, 즉 '삼환三桓'이라고 불리는 세력은 권력을 쥐고 마음대로 휘둘렀다. 공자가 살았던 때에는 계손씨가 가장 강한 세력이었는데, 삼환의 가신들도 강력한 세력을 구축하였다. 그중에서 계손씨의 가신인 양호陽虎가 가장 강했는데 양호는 결국 삼환에 대항하여 반란을 일으켰다. 이렇게 귀족들의 하극상과 반란이 계속되는 과정에서 나라가 분열되고 국력이 낭비되어 노나라는 크게 쇠퇴하여 약소국이 되었다. 전국시대가 되어서 노나라는 제나라의 작전에 자주 참여하는 등 제나라의 부용국附庸國처럼 되었다가 기원전 256년 초나라의 침략을 받고 멸망하였다.

제나라는 춘추시대 패자로 유명한 환공桓公과 그의 조력자인 재상 관중管仲의 나라로 잘 알려져 있다. 제나라는 춘추오패春秋五霸, 전국칠웅戰國七雄에 속하는 등 춘추전국시대 내내 강대국이었다. 주나라의 건국공신이자 문왕과 무왕의 스승이었던 강태공이 문왕으로부터 봉지로 받은 산동성 임치臨淄에서 시작된 나라인 제나라는 부강할 뿐만 아니라 전국시대 학문의 중심이었다.

제나라는 기원전 4세기경 직하稷下에 학궁學宮을 두어 유세객들과 학자들을 초빙하여 융숭하게 대접하였다. 지금으로 말하면 국립 연구기관인 셈인데, 이곳에 여러 나라 학자들이 모여 학문에 대해 열띤 토론을 벌였다. 맹자와 순자를 비롯한 수많은 제자백가들도 이곳을 거쳐 갔다. 하지만 번영을 누리던 제나라도 왕위 찬탈과 군주 시해 사건을 겪으면서 국력이 약해져 갔다.

특히 왕족 내에서 찬탈과 시해가 비일비재하게 일어났는데, 먼저 환공 사후 다섯 아들들 사이에서 후계자 다툼이 벌어졌다. 원래 태자였던 공자 소(昭 훗날의 효공孝公) 대신 환공의 총신 역아易牙와 수조竪刁가 모의하여 무궤無詭를 추대하여 임금으로 세웠다. 소는 송나라로 도망가 송 양공襄公의 후원을 받아 제후 연합군과 군사를 이끌고 다시 제나라로 쳐들어온다. 겁을 먹은 제나라 사람들은 무궤를 죽이고 소를 군주로 세우려 했는데, 환공의 네 아들들이 반격하여 공자 소는 송나라로 돌아온다. 소는 다시 양공과 함께 출병하여 제나라의 네 왕자를 무찌르고 임치로 와서 결국 임금이 된다.

왕자들의 왕위 찬탈과 역모를 거치면서 제나라의 국력은 크게 쇠퇴하였다. 여기서 그치지 않고 효공 사후에는 효공의 이복 동생 공자 반潘이 효공의 아들을 죽이고 제후가 되었다. 이렇게 제나라는 환공 때 패업을 이루지만 그의 사후에 왕자들의 잇단 후계 다툼으로 국력이 낭비되고 큰 혼란을 겪었다.

둘째, 강대국이었던 제나라는 결국 다른 씨족에게 나라를 빼앗기고 만다. 기원전 672년에 진陳나라 유민을 이끌고 제나라에 들어온 공자 전완田完은 제나라에 정착하여 힘 있는 대부 가문이 되었다. 기원전 4세기경에 이르면 전씨의 후손들은 이미 제나라의 재상이 되어 무소불위의 권력을 휘두르게 된다. 결국 기원전 386년 전씨의 후손인 전화田和가 제나라 임금 강공康公을 내쫓은 뒤 제나라 군주가 되었다. 이때부터 제나라는 전씨 왕조가 통치하였다.

03

통치가 효과를 거두지 못하는
일곱 가지 까닭

실제적인 노력[實功]이라는 것은 어떤 일을 할 때 성실을 기울이고 헛된 말을 일삼지 않는 것을 말합니다. 자사子思께서는 '사람이 성실함이 없으면 어떤 일도 안 된다'고 하셨고, 맹자께서는 '지극한 성실로 임하는데도 다른 사람을 감동시키지 못하는 사람은 없다'고 하셨습니다. 실제적인 노력이 있다면 어떻게 실제적인 효과가 없을 수 있겠습니까?

오늘날 통치가 효과를 보지 못하는 까닭은 모두 실제적인 노력이 없기 때문인데 걱정할 만한 것이 일곱 가지가 있습니다.

첫째, 임금과 신하가 서로 사귀고 믿는 실상이 없습니다.
둘째, 신하들이 일을 맡아서 책임지려는 실상이 없습니다.
셋째, 경연에서 무언가를 성취하는 실상이 없습니다.
넷째, 어질고 유능한 인재들을 불러들여 등용하는 실상이 없습니다.

다섯째, 하늘이 내린 재이를 당했을 때 대응하는 실상이 없습니다.

여섯째, 여러 가지 정책들이 민생을 구제하는 실상이 없습니다.

일곱째, 사람들의 마음이 선善으로 향하는 실상이 없습니다.

통치가 효과를 거두지 못하는 까닭 1

임금과 신하가 서로 사귀고 믿지 못함

최고 통치자와 관료는 서로 돈독한 신뢰를 가져야 한다. 그러한 신뢰가 없이는 훌륭한 신하가 있고 좋은 정책이 제안되어도 결국 시행되지 못한다. 율곡은 당시 임금과 신하가 서로 반목하는 상황을 비판하고 있다.

임금과 신하가 서로 사귀고 믿는 실상이 없다는 것은 무슨 말이겠습니까?

임금과 신하가 서로 교제하는 것은 하늘과 땅이 서로 만나는 것과 같습니다. 《주역》 '구姤 괘'의 단전象傳에 '하늘과 땅이 서로 만나 만물이 모두 밝아진다'고 했습니다. 이에 대해 정자께서는 전傳을 달아 다음과 같이 설명하셨습니다.

하늘과 땅이 서로 만나지 못하면 만물이 자라나지 못하고 임금과 신하가 서로 만나지 못하면 정치가 흥성하지 못하고, 성인(聖人 도덕적으로 완벽한 사람)과 현인(賢人 어질고 유능한 사람)이 서로 만나지 못하면 도덕이 세상에 잘 실현되지 못하고, 사물이 서로 만나지 못하면 용도를 갖추지 못한다.

그렇기 때문에 명철한 임금과 어진 신하가 서로 만나서 간과 쓸개를 서로 투명하게 비추듯이 서로 통하고, 아비와 자식같이 친밀하며, 부신과 같이 서로의 뜻을 합치시키고, 뼈와 살을 나눈 친족이라도 그 둘 사이를 이간질할 수 없고, 무쇠를 녹일 정도로 무서운 여러 사람의 비방도 그 둘에게는 통하지 않는 관계가 되어야 합니다. 그런 후에야 신하의 제언과 정책이 시행되고 쓰여서 많은 업적을 이룰 수 있는 것입니다. 하·은·주 세 시대의 성왕들은 모두 이러한 도리를 따랐고, 임금과 신하가 서로 깊은 신뢰를 갖지 못하면서 통치의 성과를 낼 수 있었던 적은 없습니다.

제가 가만히 홀로 생각해보니, 전하께서는 충분히 명철하시고 지혜로우시지만 덕德을 지키는 방식이 광대하지 못하시고, 선을 좋아하심이 얕지 않지만 많은 의심을 떨쳐내지 못하십니다. 이렇기 때문에 여러 신하들 중에 의견 아뢰기에 힘쓰는 신하들에 대해서는 임금께서 그들의 건의가 지나치거나 넘어서는 것이 아닌지 의심하십니다. 기개와 절조를 우선시하는 신하들에 대해서는 그들의 건의가 교만하거나 오만한 것은 아닌지 의심하십니다. 여러 사람의 칭송을 받는 신하들에 대해서는 그들이 붕당을 만든 것이 아닌지 의심하십니다. 죄 있는 사람을 배척하는 신하들에 대해서는 그들이 계략으로 함정에 빠뜨린 것은 아닌가 하고 의심하십니다.

게다가 호령을 내실 때 말씀하시는 기운과 억양, 좋아하시는 것과 싫어하시는 것의 일관성이 없으십니다. 심지어 지난번에 내리신 교지에서는 다음과 같이 말씀하셨습니다.

유신들이 '대단한 말[大言]'을 다투어 아뢰고 전에 없던 일을 즐겨 하니, 풍속이 순화되고 정사가 잘되어야 할 텐데…….

이 교지가 나오자 여러 신하들의 의혹은 더 커졌습니다. 옛사람 말에 이런 것이 있습니다. "선을 말하는 것은 어렵지 않지만 행하는 것은 어렵다." 소옹(邵雍 1011~1077)[14]께서는 이렇게 말씀하셨습니다. "잘 다스려지는 세상에서는 덕을 높은 가치로 여기고, 어지러운 세상에서는 말을 높은 가치로 여긴다." 예부터 지금까지 천하에 어찌 대단한 말을 앞다투어 아뢰는 것만으로 풍속을 순화시키고 정사가 잘되게 할 수 있는 경우가 있겠습니까?

또, 전하께서는 '대단한 말[大言]'[15]을 옳은 것으로 여기십니까? 아니면 그릇된 것으로 여기십니까? 만약 옳은 것으로

---

14 북송 대의 학자로 주희가 태어나기 이전의 사람인데 주희는 도학 사상을 집대성하는 데에 소옹의 역易 사상을 많이 참고하였다.

15 율곡은 경연 자리에서 자주 하·은·주 삼대의 이야기로 왕을 깨우쳤다. 삼대에 관한 이야기를 '대단한 말'로 여긴 것으로 보인다. 〈깊이 읽기 02〉 참조.

여기신다면 그 '대단한 말'은 임금을 인도하여 도道를 행하게 하고 이상적인 통치를 일으키시길 바라는 것일 뿐입니다. 전하께서는 당연히 '대단한 말'들을 골라 쓰시기에 바쁘셔야지 '다투어 아뢴다'와 같은 식으로 말씀하시며 비꼬아서는 안 될 것입니다. 좋은 말이 있어도 그것을 쓰지 않으면 비록 훌륭하더라도 무익합니다. 그렇기 때문에 자사子思께서 신하로 계실 때 노나라 목공(穆公 기원전 408~377)의 영토가 크게 줄어들고 군사력이 매우 약해졌습니다. 맹자께서 경卿의 지위로 계실 때에도 제나라 선왕(宣王 ?~기원전 301)의 왕업도 흥기하지 못했습니다. 더군다나 오늘날 임금께 나아가 아뢰는 신하들은 자사나 맹자와 같은 수준도 아닌 데다가 임금께서 신하들의 건의를 채택하여 시행하신 사실도 들은 적이 없습니다. 그러하니 오늘날 당면한 일들이 제대로 다스려지지 않는 것이 이상할 것이 뭐가 있겠습니까?

만약 '대단한 말'을 그릇된 것으로 여기신다면 이것은 말을 지어내고 일을 만들어낸 부류의 짓입니다. 전하께서는 들뜨고 어수선한 상황을 가라앉히고 돈독하고 실한 일에 힘쓰셔서 조정을 안정시키고 사람들의 마음을 진정시키셔야지 '대단한 말'을 훌륭한 일로 여기시면 안 됩니다. 아아! 신하들의 직언[讜論]을 '다투어 아뢴다'라는 말로 책망하시면 선비들의 사기가 막히고 부정한 길이 열리게 됩니다. 들뜨고 어수선한

율곡의 상소

말을 '대단한 말'이라고 칭찬하시면 조정에 허위가 늘어나고 실제적인 덕행은 사라집니다. 전하께서는 꼭 이 중에서 하나의 경우에 속하실 것입니다. 이런 경우가 아니라면, 전하께서 실제로 깊은 뜻이 있으셨던 것이 아니라 말씀하시던 중에 우연히 실수하신 것은 아닌지 모르겠습니다.

　전하께서는 여러 신하들을 깊게 믿지 못하시는 것 같습니다. 그렇기 때문에 여러 신하들 또한 임금의 뜻이 어디에 있는지를 몰라 매번 임금께서 교지를 내리실 때마다 한 마디 말이라도 이상한 부분이 있으면 눈이 휘둥그레지고 놀라 마음을 졸이니 늘 불측지연(不測之淵 깊이를 헤아릴 수 없는 연못, 즉 예측할 수 없는 위험하고 불안한 곳을 비유함)에 서 있는 상태와 같습니다. 어제 대신들이 부름을 받았을 때도 단지 황공해할 뿐 하늘의 성난 마음을 되돌리고 세상의 도를 구제할 방책을 내놓는 사람이 한 명도 없었습니다. 대신들이 모두 식견이 없는 자들이라면 그만입니다. 그러나 만일 소견이 있는데도 방책을 내놓지 않은 것이었다면 이는 어찌 대신들이 임금께서 널리 의견을 듣지 않으심을 미리 걱정한 것이 아니겠습니까? 심지어 낭관(郎官 실무를 담당하는 정5~6품의 중견 관리) 한 명을 차출하여 가난한 고을 하나를 맡기는 경우에도 임금의 마음은 백성을 걱정하는 것이지 꼭 다른 뜻이 있으셔서 그런 것은 아닐 터이니 역시 이상한 일이라고 볼 수는 없습니다. 조정 신하들 중에 명성 있는 자들이 모두 불안한 마음을 품고 있습니다. 임금의 참된 마음이 평소에 신하들에게 믿음을 주지 못해 그런 것이 어찌 아니겠습니까?

옛 성왕聖王들은 마음 씀과 일처리가 푸른 하늘에 밝은 해와 같아서 만물이 모두 볼 수 있고[16] 어리석은 하층민까지도 임금의 뜻을 훤히 알았습니다. 그래서 임금이 죽여도 원망치 않았고 임금이 이롭게 해줘도 임금의 공으로 여기지 않았습니다.[17] 오늘날은 가깝고 친밀한 신하들조차 임금의 마음을 밝게 알지 못하니 더군다나 다른 사람은 어떻겠습니까?

옛날에 중종 임금과 조광조의 관계가 성왕과 현신의 만남이라고 할 수 있습니다. 그런데 간사한 무리들이 갑자기 임금과 깊게 사귀더니 밝은 거울이 먼지와 때에 가려버린 꼴이 되었습니다. 조광조는 낮에 임금 앞에서 잘 응대하다가, 밤에 천길 구렁텅이로 떨어져버렸습니다. 오늘날 사림은 상궁(傷弓 화살에 상처 입은 새가 굽은 나무만 봐도 놀란다는 뜻으로 마음이 위축되어 있음을 말함)이 이제야 없어지기 시작했지만 두려움

---

16 정치를 비밀스럽게 하는 것이 아니라, 누구나 볼 수 있도록 하여 어떤 정치를 하는지 잘 알리고 또 알게 만들었다는 것이다.

17 《맹자》에 나오는 왕도정치가 행해지는 나라의 백성들을 묘사하는 말. 조기趙 岐에 따르면, 백성들은 왕이 백성을 죽이더라도 모두 무언가 가르치려는 목적이 있는 것으로 보아서 원망치 않으며, 교화를 하더라도 자잘한 것이 아니라 원대한 수준이어서 역시 왕의 공으로 자각하지 못한다.

율곡의 상소

은 여전히 조금 남아 있습니다. 소신은 일찍이 얕은 견해로 다음과 같은 말을 했습니다.

중종은 참으로 성왕이신데 지나치게 허심탄회하게 의견을 들어주었기에 군자의 말을 쉽게 받아들였지만 소인의 참소도 쉽게 받아들였습니다. 오늘날 성상께서는 그렇지 않으셔서, 다른 사람의 말을 반드시 꼼꼼하게 살피시고 소홀하게 듣지 않으십니다. 그래서 군자들이 비록 답답하고 관계를 깊이 맺기가 어렵기는 하더라도 소인들도 도에 맞지 않은 말로 감히 속일 수 없습니다. 성상의 시대에 사화는 절대 없을 터이지만 민생이 빈궁하고 나라가 피해지는데도 좋은 개혁 정책 역시 없어서 끝내는 지반이 무너지는 형세가 될까 두려울 뿐입니다.

오늘날의 선비들 중에서 저의 말을 믿을 사람이 몇이나 되겠습니까? 임금과 신하가 서로 소통함에 참된 마음과 신뢰가 없는데도 나라가 다스려지는 것을 보장할 수 있는 사람은 예부터 지금까지 통틀어 없었습니다. 이상이 첫 번째 걱정할 만한 것입니다.

〈만언봉사〉

선조, 유신들을 비꼬다

선조는 유신들이 틈만 나면 자신을 가르치려 드는 데에 염증을 냈다. 유신들이 경연에서 '대단한 말', 즉 하·은·주 삼대의 이상적 통치에 대해 자주 이야기하는 것에 심기가 거슬린 것이다.

선조는 이러한 유신들에게 불만을 품고 그들을 비꼬는 교지를 내린다. 특히, 재이가 일어나자 그 책임을 신하들에게 전가하고자 이런 말을 한 것으로 보인다. 교지를 내린 배경과 교지의 전문은 다음과 같다.

흰 무지개가 해를 꿰뚫었는데, 주상이 마침 그것을 보고 놀라고 두려워하여 영의정 이탁李鐸과 좌의정 박순朴淳을 불러 다음과 같이 교지를 내렸다.

"조정의 현인이 경연 석상에 많이 모여 대단한 말을 다투어 아뢰고 새 규례를 즐겨 행하니 마땅히 풍속이 순화되고 정사가 잘되어야 할 것인데, 기강은 어지럽고 백성은 도탄에 허덕이며 인심은 아름답지 못하다. 유자儒者가 털끝만큼의 공도 세운 것이 없고, 폐단은 오히려 지난날 권세를 쥔 간신이 권력을 휘두르던 때보다 심하다. 이 점이 내가 알 수 없는 일이다."

이탁 등은 황공하다고만 할 뿐 감히 바로잡을 계책을 말하지 못하였다. 이 당시 이이李珥와 김우옹金宇顒 등이 경연에서 항상 삼대三代를 끌어대어 주상을 일깨우는 일이 많았다. 주상은 그것을 제대로 수용하여 채택하지 못하고 도리어 재이가 일어난 것은 '대단한 말'을 한 결과라고 여겼으므로, 사람들이 속으로 이를 매우 두려워하였다.

〈선조수정실록〉 7권, 6년(1573, 계유) 11월 1일

신하들이 책임을 지려 하지 않음

이 장은 공직자들의 윤리와 책임의식에 대해 말하고 있다. 당시에 만연했던 공직자들의 태만함과 부패가 민생의 파탄과 국가 재정의 손실을 초래했다. 하지만 이 역시 엄한 형법을 적용한다고 해도 쉽게 고치기 어려운 부분이었다.

'신하들이 일을 맡아서 책임지려는 실상이 없다'는 것은 무엇을 말하는 것이겠습니까?

관직에는 직분이 나뉘어 있고, 각 직분은 맡은 소임이 있습니다. 삼공(三公 우의정·좌의정·영의정)은 중요한 사안들을 총괄하고, 육경(六卿 이조·호조·예조·병조·형조·공조의 판서)은 여러 업무를 나누어 처리합니다. 시종(侍從)은 나라를 위해 토론하고 생각하는 책임이 있고, 대간(臺諫 감찰 임무를 맡은 대관臺官과 국왕에 대한 간쟁諫諍 임무를 맡은 간관諫官을 아울러 이르는 말)은 일에 대하여 보고 듣는 임무를 받았습니다. 또 밑으로 여러 작은 관직을 맡은 자들도 각자의 소임이 없지 않습니다. 감사는 지방에서 교화를 펴고, 절도사는 변방을 다스리며 감독하고, 수령은 감사의 근심을 나누고, 진장(鎭將 조선시대 진영의 군대를 맡은 으뜸 벼슬)은 국경을 수비하고 감독하게 하는 것처럼 모두 각자 자신의 직분을 가지고 있습니다.

오늘날, 삼공은 참으로 사람들의 존경과 신임을 받고 있는데도 감히 정책을 시행할 것을 제언하지 못하고 한갓 공손히 삼가고 두려워하며 건의하기를 꺼릴 뿐이고, 나라를 잘 다스리고 백성을 구제하며 세상의 도를 좋은 방향으로 되돌릴 전망이 전혀 없습니다. 삼공이 이러한데 다른 사람에게 무슨 책임을 묻겠습니까? 고위 관직자들은 윗자리에 앉아 유유자적하게 지내면서 오직 첨전고후(瞻前顧後 앞뒤 사정을 재면서 결정을 내리지 못함)만을 일삼습니다. 하급 관리들은 밑에서 일을 데면데면하면서 오직 상시사리(相時射利 때를 엿보아 이익을 탐함)만을 일삼습니다.

관직자의 기강을 잡는 일은 대간에게 맡겼는데 대간은 한두 명의 간사한 자들을 적발하는 것으로 책임을 면하는 데 불과합니다. 인재를 골라 뽑는 일은 여전히 청탁이라는 부정한 방법으로만 이루어지고, 한두 명의 명성 있는 인사를 발탁한 것으로 '공정'이라는 명목을 갖다 붙일 뿐입니다. 여러 관청의 하급 관리들도 맡은 소임이 무슨 일인지 전혀 모르고 오직 날이 지나고 해가 지나서 승진하기만을 바랄 뿐입니다. 대소 신료 중에서 어찌 한두 명쯤 공적인 것을 우선시하고 사적인 것을 버리는 사람이 없겠습니까? 단지 그들의 형세가 미약하여 큰 도움이 못 됩니다.

　관찰사는 순시를 돌며 자신의 즐거움을 추구하고, 수령이 제공하는 접대가 훌륭한가에 따라서, 그리고 문서가 정교한가 조악한가에 따라서 수령의 실적을 조사하여 중앙에 보고합니다. 이런 풍토에서 정당하게 근무 성적에 따라 승진시키거나 강등시킬 수 있는 자가 몇 명이나 되겠습니까?

　절도사는 엄한 형벌을 집행함으로써 자신의 위의를 세우고, 백성의 재산이나 노동력을 착취하는 것으로 자신의 배를 불릴 뿐입니다. 본연의 임무인 백성을 어루만지고 편안케 하며 군사를 조련하는 일, 이 두 가지는 제대로 시행하지 못합니다. 이런 풍토에서 국경 지방을 방어하는 책임을 욕되게 하지 않을 자가 몇이나 되겠습니까?

　수령은 백성을 수탈하여 자신의 이익을 불리고, 윗사람에게 아첨을 떨어서 명예를 구할 줄만 알지 '사랑으로 다스리는 것[字牧]'을 마음에 두는 사람은 손에 꼽을 정도로 매우 드뭅니다.

　진장은 먼저 군졸의 수를 물어서 군포가 얼마나 되는지를 계산할 뿐, 국방의 직무를 염려할 자는 결단코 한 사람도 없을 것입니다.

　서리胥吏 무리들은 기회를 틈타 중요한 사안들을 맡아 처리하고 있기 때문에 백성의 고혈膏血은 거의 모두 서리의 손에 쥐어졌습니다. 심지어 군적과 같은 가장 중요한 일도 길거리에서 공공연하게 뇌물이 오가고 위조문서가 진짜 기록을 혼란하게 하고 있습니다. 시골에 사는 백성이 소를 바치려 해도 아전들이 반드시 면포를 요구하여서, 백성이 소를 면포로 바꾸니 소 값이 갑자기 떨어졌습니다. 한양이나 지방 모두 그렇게 되어 사람들의 원성이 들끓으니 더군다나 다른 일은 어떻겠습니까?

남명 조식(曹植 1501~1572) 선생께서 일찍이 '우리나라는 서리 때문에 망하겠구나'라고 하셨는데 이 말이 지나친 구석이 있어도 일리가 있습니다. 이런 일들이 벌어지는 이유는 신하들이 일을 맡아 책임지려 하지 않는 병폐 때문입니다. 관리들이 각자 자신의 직분에 걸맞게 일한다면 어찌 서리 따위가 나라를 망칠 수 있겠습니까?

오늘날 소임을 맡은 자가 적임자가 아니라고 해서 바꾸고자 하여도 한 시절의 인물들이 모두 이런 수준에 불과하여 현명한 인재를 갑자기 마련하기가 어렵습니다. 형법이 엄하지 않다고 여겨서 형벌의 수위를 높이려고 하여도 법이 엄해지면 간사한 수법이 더 많아지고, 또 엄한 형법은 폐단을 해결할 좋은 방책도 아닙니다. 어찌할 방법이 없다고 여기고 방치하면 온갖 종류의 폐단이 날로 늘어나고 여러 가지 일들이 날로 잘못되어버리며 민생이 날로 곤궁해져서 혼란과 패망이 반드시 뒤따를 것입니다. 이것이 두 번째 걱정할 만한 것입니다.

경연에서 아무것도 성취하지 못함

경연經筵이란 임금과 신하가 보통 하루에 세 번 모여서 유가 경전과 역사서의 내용에 대해 토론하고 서로 배우며, 때로 현행의 정치와 각종 정책에 대해 토론하는 자리이다. 경연 제도는 학자이자 관료였던 사림들에게 자신들의 도학 정치 이념을 펼치고 임금을 도道로 인도하여 올바른 정치를 하게 할 수 있는 좋은 자리였다. 반면 임금들은 경연에 대해서 각자 다른 태도를 가졌다. 어떤 임금들은 경연을 매우 싫어하여 혹자는 폐지하였고, 어떤 임금들은 경연을 적극적으로 활용하고 오히려 신하들을 가르치기도 하였다.

'경연에서 무언가를 성취하는 실상이 없다'는 것은 무엇을 말하는 것이겠습니까?

옛날에 중국에서는 삼공三公이라는 관직을 두었는데, 그중 태사太師는 임금에게 교훈을 주어 인도하고, 태부太傅는 덕의德義를 전하고, 태보太保는 임금의 신체를 보전하도록 보필했습니다. 이런 제도는 이미 없어지고 태사, 태부, 태보가 맡았던 것과 같은 직책은 오직 경연에만 있게 되었습니다. 그렇기 때문에 정자께서는 '임금께서 덕을 이루게 하는 직책은 경연에 있다'고 하셨습니다. 경연 제도를 두는 것은 글을 읽고 강독할 때 글귀의 의미를 놓치지 않게 하려 함이 아닙니다. 그것의 본 목적은 의혹을 해소하여 도道를 밝게 알기 위함이고, 가르침을 받아들여서 덕德을 향상시키기 위함이며, 정치에 대해 토론하여 통치를 잘하기 위함입니다. 따라서 선대 임금께서는 경연관經筵官을 예禮를 갖추어 대하였고 은덕을 베풀면서 가까이 지내는 등 마치 집안사람이나 부자관계와 같이 서로의 생각을 훤하게 잘 알았습니다.

오늘날 임금을 모시는 신하들은 학문에 빈틈이 많고 성의도 별로 없으며 어떤 사람은 경연에 들어와 참여하는 것을 어렵게 여기고, 심지어는 경연을 기피하는 자들도 있습니다. 비록 그렇다고 해도 어찌 신하들 중에 성의와 재능을 갖추고 경연에서 임금과 가까이 하기를 원하는 자가 없다고 하겠습니까? 요즘 경연이 자주 열리지 않고 신하들이 임금을 접견하는 일도 드문 데다가 군신 간의 예도 더 엄숙해져서 말을 편하게 하기 어렵습니다. 주고받는 대화도 극히 드물며 토론도 상세하지 못하고, 정치를 할 때 요긴한 일과 시대의 폐단에 대해서도 일찍이 자문을 구하지 않으십니다. 간혹 한두 명의 강관(講官 경연에서 강의하던 신하)이 성학(聖學 성왕이 되는 배움이라는 뜻으로 성리학을 가리킴)에 힘쓰시기를 권면해도 임금께서는 대충 들으실 뿐, 몸소 경험하고 실천해보는 실상이 전혀 없으십니다. 경연을 마친 후에는 기거하시는 궁궐이 깊으니 모시는 신하들은 아득히 바라보면서 단지 속만 태웁니다. 전하의 좌우에는 오로지 내시와 궁녀들만이 있을 뿐이어서 전하께서 편안하게 계실 때에 어떤 책을 보시는지, 어떤 일을 하시는지, 어떤 말을 들으시는지를 신하들이 알 수가 없습니다. 가까운 신하들조차 알 수가 없는데 멀리 있는 신하들이야 오죽하겠습니까?

맹자는 아성(亞聖, 대성大聖에 버금가는 성인)이었고 제나라 임금은 그를 지극히 존경했습니다. 그런데도 맹자는 하루 동안만 햇볕을 쪼이고 열흘 동안 차게 하면 어떤 사물도 생장할 수 없다는 비유를 들어 자신이 왕을 뵙는 것이 드물고 왕을 차갑게 하는 자들이 많음을 한탄했습니다.[18] 더군다나 지금 임금을 모시는 신하들은 옛사람들에 비하여 부족한데 이렇게 소원하게 지내고 멀리해서야 되겠습니까? 이것이 세 번째 걱정할 만한 것입니다.

18　맹자는 자신이 임금에게 지혜의 싹을 틔워주어도 자신이 물러난 후에 임금을 차갑게 하는 무리들이 들이닥쳐서 결국 싹이 자라지 못한다고 한탄했다.

어질고 유능한 인재들을 불러들여 등용하지 못함

'어질고 유능한 인재들을 불러들여 등용하는 실상이 없다'는 것은 무엇을 말하는 것이겠습니까?

옛 제왕들은 지극한 성심으로 어진 인재를 구하면서도 오히려 성심이 부족할까 걱정했습니다. 어떤 왕은 꿈에서 인재를 만나기도 하고,[19] 어떤 왕은 낚시를 하던 중에 인재를 만나기도 했습니다.[20] 그 들은 인재를 어질게 여기고 칭찬하고 장려할 뿐만 아니라 하늘이 내려 주신 지위(천자)를 인재들과 함께 누리며, 하늘이 내린 봉록을 받게 하고, 세상 사람들의 삶을 윤택하게 만들도록 했습니다. 그렇기 때문에 등용 전에 여러 사람

---

19 중국 상고시대 은殷나라 고종高宗인 무정武丁이 꿈속에서 어진 인재를 만났다. 고종은 깨어나 그의 초상을 그리게 한 후 부암傅巖이란 곳에서 부열傅說을 찾아내어 재상으로 삼았다. 재상이 된 부열은 무정에게 여러 조언을 하고 무정은 그 조언을 잘 받아들여서 은나라의 중흥을 이루어내었다. 출전은 《서경》〈열명說命〉.

20 주周 문왕文王은 위수에서 낚시질을 하며 세월을 보내던 태공망을 만나 이야기를 나누었다. 대화를 나누며 사람됨을 알아보고는 그를 스승으로 삼았다. 출전은 《사기》〈제태공세가齊太公世家〉.

에게 묻고 실제로 대화를 나눠보고 잘 살피며, 일을 직접 하게
하여 그를 시험해보았습니다. 그 후에 정말로 그 사람이 어질
고 유능하다는 것을 알게 되면 그 사람을 가까이 하고 그가 제
안하는 계획을 쓰고 그의 도道를 행하게 했습니다. 이것을 두고
임금이 어질고 유능한 인재를 존경한다고 하는 것입니다.

오늘날 전하께서는 선비들을 아끼시고 어질고 유능한 인재
를 구하시는 모습이 옛사람들에 견주어 보아도 부족함이 없
으십니다. 은거하고 있던 곧고 덕 있는 사람들과 미천한 자들
까지 거의 모두 천거하였으니, 그런 성대하고 훌륭한 일은 가
까운 근래에는 없었던 아주 드문 일입니다. 다만 천거를 논
할 때, 아무개가 쓸 만하다고 데면데면하게 말할 뿐 상세한 행
적은 설명하지 않는 것이 문제입니다. 이는 담당 관리들이 천
거 과정에서 올바름을 어긴 것이고, 임금께서도 그 인재를 친
견하여 어질고 유능한지 아닌지를 제대로 살피시지도 않으시
면서 단지 선례에 따라서 관작을 내리시는 것입니다. 자기 자
신을 갈고 닦으며 성실하게 실천하는 것은 무언가 바라는 것
이 있어서 그러는 것이 아닙니다. 산림山林[21] 중에서 어찌 벼

---

21 향촌에 은거하며 학문으로 명성을 얻고 정치에는 참여하지 않는 선비. 조선
시대 때 이러한 산림들은 과거시험에 매달리지 않았는데 이점이 그들의 권위
를 높여주었다. 이들 중에는 천거를 받아 임용된 자들도 있었다. 관직이 없는
산림이라도 유림을 이끌고 상소와 같은 방식을 통해 정치적 영향력을 행사

율곡의 상소

슬과 녹봉을 나쁘게 보는 사람이 없겠습니까? 선비가 벼슬길에 나아가거나 물러나 있는 것은 참으로 똑같지 않습니다. 작은 관직도 하찮게 여기지 않는 사람이 있는가 하면 재능을 감추어 두고는 벼슬길에 나서지 않는 자가 있습니다. 전하께서는 어질고 유능한 인재를 부를 때, 단지 관작과 봉록을 내리기만 하실 뿐 친견하여 살피고 시험해보는 경우가 전혀 없으십니다. 그렇기 때문에 어질고 유능한 인재를 발탁하여 도를 행하도록 하는 실상이 전혀 없습니다.

그렇기 때문에 오늘날 천거를 통해 벼슬길에 오른 사람들 중에 어떤 사람은 부모님 때문에 자기 자신을 굽혔다고도 하고, 어떤 사람은 가난 때문에 벼슬한다고도 하고, 어떤 사람은 전하의 은혜에 보답하기 위하여 왔다고도 합니다. 단 한 사람도 세상에 도道를 행하려고 벼슬길에 나왔다고 하는 사람은 없었습니다. 어질고 유능한 인재를 구하는 일은 가장 훌륭한 사안인데 그 결과는 허례허식으로 귀속되어 버리니 '통치의 도道'를 어떻게 이룰 수 있겠습니까?[22] 이것이 네 번째 걱정할 만한 것입니다.

하였다. 성혼이 산림의 대표적인 인물인데 율곡은 친구였던 성혼에게 관직에 나와 정치에 참여할 것을 권하였다.

[22] 통치의 도를 이룩한 사람은 요임금, 순임금과 같은 고대의 성왕들이며, 통치의 도를 이룬다는 의미는 태평성대를 이룰 수 있다는 것을 의미한다.

하늘이 내린 재이를 당했을 때 대응하지 못함

재이, 즉 천재지변이나 불길한 자연현상은 정치가 잘못되었다는 하늘의 계시였다. 이것은 하늘이 애착을 가지고 보내는 경고였기에 통치자와 정치인들은 자신들의 정치 행위를 반성하고 올바른 정치를 해야만 했다. 그러지 못하면 더 큰 재난이 생긴다는 것이 재이설이다. 재이는 중국과 조선의 정치 상황에서 재이를 누구의 잘못으로 돌리느냐에 따라서 왕이 신하들을 제어하거나 혹은 신하들이 왕권을 제어하는 목적으로 이용되었다.

'하늘이 내린 재이를 당했을 때 대응하는 실상이 없다'는 말은 무엇을 뜻하는 것이겠습니까?

황천(皇天 하늘)과 임금과의 관계는 마치 부모 자식 관계와 같습니다. 부모가 자식에게 화를 내서 그것이 말투와 얼굴에 드러나면 자식은 비록 잘못한 일이 없더라도 반드시 더욱 몸을 엄숙하게 하고 두려워하고 잘 섬기며 뜻에 따라야 합니다. 그리하여 반드시 부모님의 기분이 좋아진 후에야 마음을 놓습니다. 더군다나 잘못한 일이 있는 경우에는 어떻겠습니까? 더욱 자책하고 애절히 사죄하고 마음을 고쳐먹고 행동을 바로잡아야 하고, 공경심과 효심을 내서 부모님의 기분이 좋아지게 해야 합니다. 단지 긴장하고 두려워하여 팔짱을 낀 채로 문을 닫고 집 안에 가만히 있기만 해서는 안 됩니다.

제왕이 하늘에서 보낸 이상 현상을 당했을 경우도 이와 같습니다. 자기 몸을 돌이켜 보고 자신을 성찰하여 자신이 정치를 잘못한 부분이 있는지 꼼꼼히 살펴야 합니다. 자신에게 잘못이 없고 정치에 흠이 없다고 해도 더욱 자신을 수양하고 힘쓰며 끊임없는 공경의 태도를 유지해야 합니다. 자신은 잘못한 것이 없다고 합리화해서는 안 됩니다. 더군다나 자기에게 잘못이 있고 또 정치에도 흠이 있는 경우라면 어떻겠습니까? 반드시 많은 사람들에게 제언을 구하여 지식과 식견을 넓히고, 어질고 유능한 인재를 등용하여 부족한 부분을 메우고, 백성의 삶을 살펴서 그들의 마음을 달래주는 데 힘써야 합니다. 폐단을 개혁하여서 정치가 흥하게 하고, 과거의 잘못을 고쳐서 하늘의 진노를 되돌리는 일에 힘써야 합니다. 어리둥절해하며 아무 대책도 없이 잘못을 저지른 자식처럼 팔짱을 낀 채로 문을 닫고 집 안에 가만히 있으면서 부모님의 화가 저절로 그치기만을 기다려서는 안 됩니다.

최근 몇 년간 재이가 늘 있었기에 사람들이 모두 이런 현상에 익숙해져 두려워할 줄을 모릅니다. 그러나 흰 무지개가 태양을 꿰뚫고 지나가는 이상 현상[23]은 너무 참담했기에 전하께서는 놀라고 근심하셔서 더욱 공경하고 삼가는 태도를 가지셨습니다. 이는 혼란을 돌려서 좋은 정치를 할 계기가 오늘날 예고 없이 생긴 것이 아니겠습니까? 이러한 기회를 만나셨는데도 특단의 자기수양과 통치 행위가 없으신 것은 어째서입니까? 피전감선(避殿減膳 임금이 재이를 당했을 때 근심하는 뜻으로 궁궐을 떠나 더 누추한 곳에 거처하고 수랏상의 반찬 가짓수를 줄이는 것)은 재이를 두려워함을 드러내는 형식이자 말단인 반면, 덕을 진보시키고 정치를 정성껏 하는 것은 재이를 두려워함을 드러내는 실제이자 근본입니다. 형식과 말단의 일도 없앨 수 없지만, 실제와 근본이 되는 일은 오늘날 어떻게 하고 계십니까? 이것이 다섯 번째 걱정할 만한 일입니다.

---

23 당시에 태양은 임금을 상징했으므로 이러한 현상이 불길한 징조로 해석됐다.

여러 가지 정책들이
민생을 구제하지 못함

'여러 가지 정책들이 민생을 구제하는 실상이 없다'는 것은
무엇을 말하는 것이겠습니까?

법과 제도가 오래되면 폐단이 생기고 그 피해는 백성에게 돌
아갑니다. 그래서 정책을 세워서 폐단을 바로잡는 까닭은 백
성을 이롭게 하기 위함입니다. 전하께서는 다음과 같은 말씀
을 하셨습니다.

> 임금은 나라에 의지하고 나라는 백성에 의지한다. 온갖 관직을
> 두고 직분을 나누어 둔 것은 오직 민생을 돌보기 위함인데 민생
> 이 흔들리면 나라는 장차 어디에 의지하겠는가?

> 신은 삼가 이 말씀을 여러 번 읽고 저도 모르게 감격하여
> 눈물이 났습니다. 임금의 말씀이 위대하시고, 임금의 마음이
> 한결같습니다! 이번이야말로 정말로 백성의 삶을 편안케 하
> 고 하늘의 진노를 되돌릴 큰 기회입니다. 하·은·주 세 시대
> 이후로 임금과 신하의 직분이 오직 민생을 돌보는 일임을 제

대로 이해한 사람이 몇이나 되겠습니까? 그렇더라도 '한갓 선한 마음[徒善]'만 있고 제도가 없으면 그 마음을 정치로 옮길수 없고, '한갓 제도[徒法]'만 갖추고 선한 마음을 가지지 못하면 그 제도가 잘 시행되게 할 수 없습니다. 전하께서는 백성을 아끼시는 마음이 참으로 이와 같지만, 백성을 아끼시는 정치는 그만큼 제대로 하지 못하고 계십니다. 여러 신하들이 제안한 정책들은 단지 말단의 일을 해결할 뿐이며 그 근본을 헤아리지 못했기 때문에 들을 때는 훌륭한 듯하지만 실제로 시행해보면 효과가 없습니다.

오늘날 한 가지 방책을 내서 명목 없는 세금 없애기를 요청해도 여러 고을의 세금 징수는 예전과 변함없습니다. 다음 날한 가지 제안을 건의하여 소작농의 부역을 균일하게 만들기를 요청해도 향촌의 세력가들이 부역을 면제받는 것은 예전과 같습니다. 선상(選上 지방에 있는 관노비를 뽑아 올려서 중앙의 관노비로 일하게 하는 것)을 줄여주어 공노비들을 소생시키려 해도 불공정하게 많은 고초를 겪는 자들이 예전처럼 정처 없이 떠돕니다. 방납(防納 조선시대 하급 관리들이 백성이 국가에 내야 할토산물을 대신 내고 그 대가로 백성에게 높은 이익을 취하는 것)을 금지하여 백성의 재산이 허비되지 않도록 하려 해도 백성에게 뇌물을 요구하며 강제로 착취하는 것과 조등(刁蹬 간계를 써서 공납 물품의 시세를 크게 올리는 일)[24]은 더욱 심해졌습니다. 탐관오리를 탄핵하여 파면하더라도 그 후임으로 오는 자가 꼭 전임자보다 나은 것도 아니어서, 공연히 관리를 보내고 맞이하는 번거로움만 끼칩니다. 또 변방을 지킬 장수를 잘 뽑아야 하는데, 명망 높은 사람이 꼭 신진 인사보다 나은 것도 아니며 도리어 거리낌이 없고 함부로 행동합니다. 그 밖에 다른 좋은 명령을 내리고 훌륭한 법령을 반포한 것이 비일비재한데도 주州, 현縣에는 단지 몇 줄의 문서만 전달될 뿐이고, 지방 백성은 그것이 어떤 사안에 대한 일인지도 모릅니다.

이렇기 때문에 군자가 벼슬길에 나오고 올바른 논의를 제시하는 것은 민생과는 거리가 멀고 동떨어진 일이 되고 맙니다. 다만 '누구는 관직이 높고 출세하여 부러워할 만하다'고만 말할 뿐, '누구는 등용되어 그 혜택이 백성에게 미친다'는 말은 듣지 못했습니다. 좋은 제안이 이렇게 효과가 없으면 주운朱雲과 급암汲黯[25] 같은 신하가 조정에 가득하고 직간이 귀를 가득 채운다 한들, 백성이 곤궁하고 재산이 다 떨어져 사방으

---

24 조등은 공납제가 야기한 여러 폐단 중에서도 가장 심한 폐단이었다. 이러한 폐단을 없애는 데에는 사대동私大同이 효과적이었다. 사대동이란 각 군현에서 행하던 관행으로 토지에서 납부한 쌀로 공물과 진상물을 사서 납부하는 방식이었다.

25 주운과 급암은 모두 중국 한나라 때 신하로서 강직하고 황제에게 거침없이 직간하기로 이름이 났다.

로 흩어져 유랑하는 지경에 무슨 도움이 되겠습니까?

　논의한 것이 한번 잘못되면 그 피해는 지체 없이 백성에게 미칠 수 있습니다. 아아! 괴이합니다. 이는 고금을 통틀어 듣지 못한 일입니다. 비유를 하자면 만 칸이나 되는 큰 집을 오랫동안 수리하지 않은 상황과 같습니다. 그래서 크게는 대들보가, 작게는 서까래가 모두 썩었으나 서로 잡아 지탱하면서 근근이 하루하루를 견디고 있는 형상입니다. 동쪽을 수리하려고 하면 서쪽이 눌려서 기울고, 남쪽을 고치려고 하면 북쪽이 구부러져서 무너지니, 여러 목수들이 둘러싸서 바라볼 뿐 손쓸 도리가 없습니다. 이를 방치하고 수리하지 않으면 썩은 것이 날로 심해져서 장차 무너져버릴 터이니 오늘날의 형세가 이와 무엇이 다르겠습니까? 이것이 여섯 번째 걱정할 만한 것입니다.

율곡의 상소

사람들의 마음이
선으로 향하지 않음

조선시대 임금의 가장 중요한 임무 중 하나는 백성들을 교육하는 일이었다. 백성을 교육한다는 것은 도덕적인 인간으로 육성하는 것을 말한다. 이 장에서 율곡은 임금이 백성을 교화하는 데에 실패했다고 매우 강도 높게 비판한다.

'사람들의 마음이 선善으로 향하는 실상이 없다'는 것은 무엇을 말하는 것이겠습니까?

교화가 제대로 이루어지지 않아 백성이 흩어져 정처 없이 유랑하게 된 지 오래되었고,[26] 윤리가 비록 세상에 남아 있다고 해도 아주 심하게 좀먹었습니다. 성상께서 집정하신 초기에 사람들은 경외하는 마음가짐으로 선을 행하려는 생각이 꽤 있었습니다. 만약 그때에 성상의 덕이 날로 진보하고 통치와 교화가 날로 나아졌다면 오늘날 사람들의 마음이 어찌 이 지경에 이르렀겠습니까? 그러나 집정 초기에 조정 대신들의 보필이 적절하

---

26 당시에 방납의 폐단으로 인해 생긴 유랑민은 큰 사회적 문제였다.

지 못했기에 얕은 수준의 법규로 전하를 오도하였고, 민생을 비참한 지경으로 몰았습니다. 대신들이 간혹 본연의 밝은 마음으로 공정한 논의를 일으키기도 했지만 깨끗하고 공정한 언론은 여전히 약한 데다가 상스러운 식견은 여전히 고질적이었습니다. 선한 말을 듣고 선한 사람을 보면 어떤 사람은 그 사람됨을 부러워하고, 어떤 사람은 겉으로는 좋아하는 척하지만 속으로는 꺼리고, 어떤 사람은 대놓고 손가락질하면서 비웃습니다. 마음속으로 진정 좋아하는 사람은 극히 드무니, 충실함은 적고 허위만 성행합니다. 감옥에 갇혔다가 여러 사람의 도움으로 풀려난 사람이라도 꼭 무죄인 것은 아니고, 수령이 되어 여러 사람에게 칭송을 받은 사람이라도 꼭 업적이 있어서 그런 것은 아닙니다.

관천(館薦 성균관 유생 중에서 천거하는 제도로, 과거시험을 거치지 않고 관직으로 나아가는 길)은 본래 배움과 덕행이 우수한 자들을 뽑으려던 것인데 술자리를 열어서 많은 선비들을 유혹하는 자들이 간혹 있습니다. 이선(里選 지방에서 훌륭한 인재를 뽑아 중앙에 올리는 제도)은 본래 품행이 단정하고 어질고 유능한 인재를 뽑으려던 것인데 행동을 단속할 줄 모르고 염치를 모르는 자들이 간혹 끼어 있습니다. 때문에 관리를 임용하는 사람들이 보내온 자료를 그대로 따르고 가려 뽑지 않으면 맑음과 혼탁함, 그리고 현명한 사람과 우매한 사람이 뒤섞여서 폐단이 생겨도 해결하기가 어렵습니다.

백성의 경우는 굶주림과 추위를 면하는 일이 절박하여 '본래의 마음[本心]'[27]을 완전히 잃고 부모형제 간에도 서로 길에서 만난 낯선 사람처럼 대하니 다른 것은 더 무엇을 말하겠습니까? 윤리가 세상에 질서를 유지하게 할 수 없고 형벌이 사람들의 악행을 단속할 수 없는 지금 세상에서 여전히 오늘날 하던 방식을 따르고 고치지 않으면, 성왕과 현신이 윗자리에서 정치를 하더라도 교화를 펼 여지가 없습니다. 향약을 널리 시행하는 것은 훌륭한 일입니다만, 어리석은 신의 생각으로는 오늘날의 관행을 고치지 않은 채 급하게 향약을 시행했다가는 좋은 풍속을 만드는 효과가 없지 않을까 걱정이 됩니다. 이것이 일곱 번째 걱정할 만한 것입니다.

이상의 일곱 가지 걱정거리가 지금 나라의 고질병입니다. 윤리가 무너지고 민생이 파탄 나는 것은 모두 다 여기에서 비롯된 것입니다. 이 일곱 문제를 제거하지 않으면 비록 성상께서 임금의 자리에서 마음 써 근심하고, 신하들이 밑에서 깨끗하고 고결한 논의를 경쟁적으로 한다 하더라도 나라를 보전하고 백성을 편안케 하는 효험이 없을 것입니다. 예부터 임금이

---

27 성리학에서 말하는, 하늘로부터 부여받은 선한 본성을 말한다.

덕을 잃으면 패망을 자초하는 것은 이치상 당연한 일이니 원통할 것이 없습니다. 오늘날 성상께서는 무슨 덕을 잃으셨기에 나라의 형세가 이처럼 위급하게 되었습니까?

신은 이런저런 단점이 많고 재능도 없고 제 스스로도 보탬이 되지 못한다는 것을 알지만 보잘것없는 작은 진심과 성의는 보통 사람에 뒤지지 않습니다.

입궐하여 전하를 뵈면 영웅적인 자태, 슬기로운 논의를 하시는 모습과 명쾌하게 판단하시는 모습을 볼 수 있습니다. 그런데 궁궐에서 나와 사방을 둘러보면 백성이 근심 걱정으로 신음하고 위축되어 갈 곳 없는 것을 봅니다. 저는 이상하게 생각하며 한숨 쉬고 마음을 졸이며 눈물 흘리곤 했습니다. 아아! 병환이 위독해지더라도 신통한 의사라면 고칠 수 있고, 나라가 거의 망하는 지경에 이르러서도 지혜로운 임금이라면 다시 흥기시킬 수 있습니다. 지금 우리 조정은 안정되어 있고 권세를 쥔 간악한 자들도 자취를 감추었고 국경이 아직 온전하고 외침도 없습니다. 지금이야말로 큰일을 할 만한 시기입니다. 조금만 늦추면 나중에는 오히려 지금 시기만 못할 것입니다. 맹자께서는 '나라가 한가하면 그런 때에 정치와 형법을 다시 점검해야 한다'고 했습니다. 신이 엎드려 바라건대 전하께서는 이를 유념하셔서 나라를 진작시킬 방도를 생각하소서.

율곡의 상소

04

임금의 자기수양 4조목과
백성을 편안히 하는 법 5조목

이제 자기수양과 백성을 편안히 하는 요약적인 방법을 아뢰어 나라의 운명이 길이 지속되길 기원하는 방도로 삼고자 합니다. 자기수양의 세부 사항으로는 4가지 조목이 있습니다.

첫째, 성상께서는 의지를 내서서 삼대의 융성함을 이 땅에 실현하겠다고 기약해야 합니다.

둘째, 성학을 열심히 배워서 성의와 정심의 효과를 최대한 끌어냅니다.

셋째, 치우치고 사적인 마음을 버리고 지극히 공정한 도량을 넓힙니다.

넷째, 어질고 유능한 선비를 가까이 하여 충심으로 하는 조언이 가져올 이익을 이용합니다.

백성을 편안히 하는 법의 세부 사항으로는 5가지 조목이 있습니다.

첫째, 참된 마음을 열어서 여러 신하들의 마음을 얻습니다.

둘째, 공안貢案[28]을 개혁하여 가혹한 수탈의 피해를 없앱니다.

셋째, 절약과 검소함을 높은 가치로 삼고, 사치하는 풍조를 개혁합니다.

넷째, 선상을 고쳐서 공노비의 고통을 해소해줍니다.

다섯째, 군정을 개혁하여 나라 안팎의 방비를 굳건하게 합니다.

---

28 조선시대 중앙 정부 소속의 각 궁宮, 사司가 지방의 여러 관부에 부과하고 수납할 연간 공물의 품목과 수량을 기록한 책.

삼대의 정치를
다시 실현하려는 포부를 지닌다

'성상께서는 의지를 내서서 삼대의 융성함을 이 땅에 실현하겠다고 기약해야 합니다'라는 말은 다음과 같은 뜻입니다.

> 옛날에 성간成覸이 제나라 경공景公에게 "저 사람들도 장부고 나도 장부인데 내가 어찌 저 사람들을 두려워하겠습니까?"라고 말했습니다.
> 《맹자》

'저 사람들'은 성현聖賢들을 말합니다. 제나라 경공의 자질로도 분발하고 열심히 노력하면 성현과 동일한 결과에 이를 수 있기 때문에 성간이 그렇게 말한 것입니다. 맹자는 양나라 혜왕惠王과 제나라 선왕宣王에게 왕도만을 말했고, 인한 정치[仁政]만을 권했습니다. 이 두 왕의 자질로도 정말로 왕도를 실행할 수 있고, 실제로 인한 정치를 베풀면 삼왕(三王 하나라 우왕, 상나라 탕왕, 주나라 문왕과 무왕)과 어깨를 나란히 할 수 있기 때문에 맹자께서 그렇게 말한 것입니다. 이분들이 어찌

'대단한 말[大言]'을 하길 즐겨서 실제 결과는 헤아리지도 않고 말씀만 하시는 분들이겠습니까?

신이 삼가 보건대, 전하께서는 자질이 매우 훌륭하시고, 인하심이 충분히 백성을 보호할 만하고, 명철하심이 충분히 간신을 분별해낼 만하며, 용맹하심이 충분히 일을 단호하게 결단하실 만합니다. 그러나 전하께서는 성군이 되겠다는 의지가 굳건히 서지 않았고, 훌륭한 통치를 갈구하는 정성이 두텁지 못하십니다. 선대 임금들을 따라갈 수 없다고 겸손해하며 자신을 하찮게 여기시고, 끝내 의욕적인 생각이 없으십니다. 전하께서는 도대체 무슨 근거로 그렇게 보시는지 모르겠습니다.

'의지는 충만하나 재능이 모자라서 일을 성공시키지 못하는 경우'는 자기수양에 힘쓰지 않은 채 실행에 옮기기 어려운 정치를 멋대로 펴고, 강약의 완급 조절은 생각지 않고, 헛되이 막기 어려운 적에게 도전하는 것을 말합니다. 만약 자기수양을 하려는 실제의 노력이 있고 백성을 편안케 하려는 실제의 마음이 있으면, 어질고 유능한 인재를 구하여 함께 통치할 수 있고 폐단을 개혁하여 한 시대를 구제할 수 있습니다. 이것이 어찌 '의지는 충만하면서 일을 성공시키지 못하는 경우'겠습니까? 정자께서는 일찍이 이런 말씀을 하셨습니다.

나라를 위해서 나라의 운명이 지속되도록 하늘에 기원하는 것, 신체를 잘 길러서[養形] 오래 사는 것, 배워서 성인聖人이 되는 것, 이 세 가지는 분명히 사람의 노력으로 자연의 조화造化를 이길 수 있는 것인데 다만 사람이 하지 않을 뿐이다.

《이정유서二程遺書》

이 말씀은 참으로 옳습니다. 예부터 실제로 노력을 했는데도 실효를 보지 못했다는 말은 듣지 못했습니다.

오늘날 세상 사람들이 선을 행하는 데에 노력하지 않는 것은 단지 '마음속의 의지[心志]'를 다른 사물에게 빼앗겼기 때문입니다. 이것은 '정치적 교화[政敎]'와 세상 풍속이 그렇게 만든 것입니다. 교화가 잘 이루어지지 않으니 사람의 욕심은 무궁해서 부귀에 뜻을 두고, '즐기려는 욕심[嗜慾]'에 뜻을 두고, 불행한 일을 피하는 데에 뜻을 둡니다. '배움을 일삼으려[爲學]' 하더라도 도道와 시대가 서로 맞지 않기 때문에 부귀에 뜻을 둔 사람은 배움을 멀리하며 피합니다. 배움을 일삼으려 하더라도 간사함과 사욕을 막아야 하기 때문에 즐기려는 욕심에 뜻을 둔 사람은 움츠리고 물러납니다. 배움을 일삼으려 하더라도 비방하는 말이 꼭 생기기 때문에 불행한 일을 피하는 데에 뜻을 둔 사람은 배움을 기피합니다. 이러한 현상을 어찌 정치적 교화와 세상 풍속이 만든 것이 아니라고 하겠습니까?

그러나 전하께서는 그렇지 않습니다. 전하께서는 이미 최고로 부귀하십니다. 그러니 도에 뜻을 두시는 것이 어찌 부귀를 오래 지키시는 방법이 아니겠습니까? 즐기시려는 욕심도 반드시 담박할 것이니, 바라는 것이 어찌 사직을 편안케 하고 나라의 명맥을 오래가게 하는 데에 있지 않겠습니까? 환란은 걱정할 만한 일이지만, 환란을 예방하는 일이 어찌 자기 자신을 수양하고 만백성을 평안케 하는 데에 있지 않겠습니까? 전하께서는 도대체 무엇을 꺼리시기에 하고자 하는 의지를 내지 않으십니까? 옛말에 '하고자 하는 의지만 있으면 일은 끝내 이루어진다[有志者事竟成]'라고 했습니다.

삼가 엎드려 바라건대, 전하께서는 낡은 생각을 씻어내 버리시고 새로운 뜻을 품고 큰 의지를 내서서 이상적인 통치를 이루길 기약하소서. 그런 후에 대신들을 독려하여 그들로 하여금 모든 조정 관리들을 잘 통솔하여 마음가짐을 고치도록 하고 각자의 직분에 걸맞게 일하도록 권면하십시오. 그러면 누가 감히 낡은 관습을 답습하는 무례한 죄를 짓겠습니까? 이렇게만 하시면 시대가 당면한 사안들을 거의 해결할 수 있고 세상의 도道도 거의 회복시킬 수 있으며, 하늘이 내린 이상 현상도 거의 그치게 할 수 있습니다.

율곡의 상소

성학에 힘써서
성의와 정심의 효과를 이룬다

'성학을 열심히 배워 성의와 정심의 효과를 최대한 끌어낸다' 는 것은 다음과 같은 의미입니다. 큰 뜻을 세웠다고 해도 반드 시 배움으로 그것을 충실하게 해야 합니다. 그런 후에 말과 행 동이 일치하고 안과 밖이 서로 의존하고 도와서 품은 큰 뜻에 실제가 위배되지 않을 수 있습니다. 학문하는 방법은 성인의 가 르침 속에 주어져 있는데 요약하면 크게 세 가지로 '궁리(窮理 이치를 깊이 탐구하는 것)', '거경(居敬 경건함에 머무는 것)', '역행 (力行 도덕 원칙을 힘써 실천하는 것)'입니다.

'궁리'도 한 가지 방법만 있는 것이 아닙니다. 안으로는 바 로 자기 자신 안에 있는 이치를 깊이 탐구하는 것인데, 보고 듣고 말하고 행동하는 것에 각기 합당한 원칙이 있습니다. 밖 으로는 사물(혹은 어떤 사안)의 이치를 깊이 탐구하는 것인데, 풀, 나무, 새, 짐승 모두 각기 합당한 이치를 가지고 있습니다. 집안에 있을 때는 부모님께 효도하고 아내에게 모범을 보이

며, '은혜를 두텁게 베풀면서도 윤리를 바르게 하는' 이치[29]
가 어디에 있는지 살펴야 합니다. 다른 사람들을 대할 때는 현
명함과 우둔함, 간사함과 올바름, 순수함과 결점, 잘함과 못함
의 차이를 잘 판별해야 합니다. 일을 처리할 때는 옳고 그름,
얻는 것과 잃는 것, 안정과 위태로움, 다스려짐과 혼란의 기미
를 잘 살펴야 합니다. 이런 일련의 일들은 반드시 독서를 통하
여 밝게 이해하고 옛 역사를 조사해서 검증해보아야 하는데
이것이 '궁리'의 주요 방법입니다.

'거경'은 고요히 있을 때나 움직일 때나 모두 해당하는 일
입니다. 고요히 있을 때[靜時]는 잡념을 일으키지 말고, 맑게
비우고 적막하게 있으면서 늘 깨어 있고 흐리멍덩하지 않습
니다. 움직일 때[動時]는 한 가지에 완전히 집중하고 두세 가
지 일을 동시에 하지 않아 조금의 차질도 없어야 합니다. 자신
의 신체를 통제할 때는 반드시 정제된 동작을 하고 엄숙한 태
도를 유지합니다. 마음을 다잡을 때는 반드시 경계하고 조심
하며 두려워하는 태도가 있어야 합니다. 이것들이 '거경'의 요
약적인 방법입니다.

'역행'의 핵심은 극기(克己 자기의 사욕을 극복함)하여 자신
의 기질이 가진 취약점을 잘 다스리는 데에 있습니다. 너무 약

---

29 〈깊이 읽기 03〉 참조.

한 사람은 바로잡아서 강하게 하고, 나약한 사람은 꿋꿋하게 하고, 지나치게 엄숙한 사람은 온화하게 합니다. 조급한 사람은 여유를 가지게 하고, 욕심이 많은 사람은 깨끗하게 하여 청정함에 도달하게 하고, 많이 이기적인 사람은 큰 공정함에 도달하게 합니다. 끊임없이 힘쓰며 밤낮으로 게으르게 행동하지 않는 것이 '역행'의 요약적인 방법입니다.

궁리는 곧 격물치지(格物致知 사물 혹은 사안에 대해서 깊이 탐구하여 앎을 얻음)입니다. 거경과 역행은 곧 성의(誠意 뜻을 참되게 함)와 정심(正心 마음을 바르게 함)과 수신(修身 자기수양)입니다. 이 세 가지를 함께 연마하고 한쪽에 치우치지 않고 나란히 수행해나가야 합니다. 그러면 이치가 밝게 이해되고 직면하는 일마다 막힘이 없게 되고, 마음이 방정해져[內直] 의로운 행동이 외면으로 저절로 나타나게 되고, 자기의 욕심이 극복되어서 본성의 처음 상태를 회복하게 됩니다. 그래서 성의와 정심의 효과가 몸에 쌓이고 마음속에 뿌리를 둔 인의 예지의 본성이 얼굴과 등에 나타납니다. 이어서 집안에 모범이 되고 형제들이 충분히 본받고, 그것이 나라 곳곳에 미치면 교화가 이루어지고 풍속이 훌륭해집니다. 주자께서는 이렇게 말씀하셨습니다.

문왕이 행한 정심과 성의의 노력이 (자신의 몸에) 퍼지고 스며들고 녹아들어서 골고루 퍼지니, 남쪽 나라의 사람들이 문왕의 교화에 감복하였다.

이 말이 어찌 주자께서 상상으로 미루어 짐작해서 한 말이겠습니까? 성의와 정심의 노력이 반드시 나라에 골고루 미칠 수 있음을 정확하게 알았기 때문에 그렇게 말한 것입니다.

삼가 엎드려 바라건대, 전하께서는 높고 원대한 일은 행하기 어렵다 여기지 마시고, 미세한 일은 소홀히 해도 좋다고 여기지 마십시오. 겨를이 있으시면 항상 학문하는 일을 거두지 마시고 사서오경, 선현들의 격언과《심경心經》,《근사록近思錄》등의 책을 번갈아가며 독송하시고 그 의미를 깊이 연구하소서! 성현들이 품었던 큰 뜻이 아니면 감히 마음에 품지 마시고, 성현들이 남긴 책이 아니면 감히 보지 마십시오.《예기禮記》〈옥조玉藻〉의 '아홉 가지 모습[九容]'[30]을 면밀하게 체득하십시오. 어떤 생각이 막 날 때는 그것이 천리天理에서 나오는 것인지 인욕人欲에서 나오는 것인지 그 미세한 기미를 판별하십시오. 만약 인욕에서 나온 것이라면 아직 나타나기 전에 미리 끊으십시오. 만약 천리에서 나온 것이라면 잘 발달시켜서

---

30 1) 발걸음을 무게 있게 한다. 2) 손은 공손하게 둔다. 3) 눈은 단정하게 뜬다. 4) 입은 굳게 다문다. 5) 목소리는 고요하게 한다. 6) 고개는 곧게 든다. 7) 숨결은 정숙하게 한다. 8) 선 모습은 덕이 있게 한다. 9) 얼굴빛은 장엄하게 한다.

채워 넓히십시오. 잃어버린 마음[放心]³¹을 꼭 되찾으시고 자신의 사욕을 꼭 극복하십시오. 의관을 꼭 바르게 하시고 시선을 꼭 존엄하게 하시고 기뻐하심과 노여워하심을 꼭 신중하게 하시고 말은 꼭 부드럽게 하십시오. 이렇게 함으로써 성의와 정심의 효과[功]³²를 최대한 끌어내는 것입니다.

---

31 방심放心은 인간이 하늘로부터 받은 본래의 마음을 잃은 것이다.《맹자》에 나온다.

32 '공功'은 문맥에 따라서 '효과', '노력', '결과', '업적' 등으로 번역하였다.

집안에서 은혜를 두텁게 베풀면서도
윤리를 바르게 하는 이치

집안에서 '은혜'와 '윤리'는 서로 모순되는 가치다. 성리학자
들은 은혜를 베풀면 한없이 관대해지는 것이고, 윤리를 강조
하면 가족 구성원 간에 지켜야 할 예법과 도리가 명확해져서
가족 간에 각박해질 수가 있어 유독 집안에서 상충하는 가치
라고 보았다. 집안은 이 두 가치가 상충하는 장소이면서, 적절
하게 조절하고 운용하는 법을 익힐 좋은 장소이기도 하다. 따
라서 성리학자들은 상충하는 두 가치에 대해 많은 토론을 벌
였다. 아래는 주자와 그의 제자가 나눈 토론이다.

어떤 이:

《이천역전伊川易傳》에서 집안을 바르게 하는 도道는 '윤리를 바
르게 하고, 은의恩義를 두터이 함'에 있다고 했습니다. 지금 윤리
를 바로잡고자 하면 은의에 손상이 있고, 은의를 돈독히 하고자
하면 윤리가 어그러지는데 어떻게 해야 합니까?"

주희:

"윤리를 바르게 하는 곳이 은의를 돈독하게 하는 곳이니, 은의
를 두터이 하면서도 윤리를 잃지 않아야만 한다."

사사로움을 버리고 공정함을 넓힌다

이 장은 임금이 사적인 마음을 버리고 공정함을 넓혀야 한다는 조언이 주요 내용이지만, 현실 정치의 문제점도 아울러 지적하고 있다. 특히, 대신들과 권력을 다투고 대적할 정도로 성장한 환관들을 문제시하고, 그들을 견제해야 함을 역설한다. 또한 임금이 가져야 할 엄한 위용과 공정함의 관계가 어떤 것인지를 설명한다. 율곡에 따르면 정치 지도자는 엄정해질 필요가 있는데, 그 엄정함은 외적인 모습보다는 공정함, 명료한 상황 판단에서 나온다.

'치우치고 사적인 마음을 버리고 지극히 공정한 도량을 넓힌다'는 것은 다음과 같은 의미입니다. 자신의 취약한 점을 바로잡고 다스리는 법은 앞에서 대략 말씀드렸습니다. 한쪽으로 치우친 사욕은 고금을 통틀어 보편적인 병폐이기 때문에 드러내어 말씀드렸습니다. 치우친 사욕에 조금이라도 없애지 못한 것이 있으면 조금이라도 요순 임금이 따랐던 도道의 경지에 들어갈 수 없습니다. 지금 전하께서는 몸에 맑음과 총명함을 지니고 계셔서 취약한 단점이 매우 적습니다. 하지만 치우친 사욕을 완전히 극복하지 못하셨으니 아마도 하늘, 땅과 더불어 위대함의 반열에 참여하지 못할 듯합니다.

〈만언봉사〉

심지어 지난번에 환관이 수본(手本 공무 담당자가 상사나 관계 관서에 올리는 공무에 관한 자필 문서)을 올린 일에 대해서 신은 밖에서 휴가 중이었으므로 상세한 내용은 알지 못하나, 새로 태어난 왕자(임해군)를 중전(의인왕후 박씨) 아래에 두는 내용의 문서였는데 승정원(承政院 국왕의 비서 기관)에서 그 문서를 고칠 것을 명령하였다고 들었습니다. 그랬다면 직분이 혼란스러워서는 안 될 일입니다. 문서를 고치는 것은 몇 글자면 되므로 손바닥을 뒤집기보다 쉬운데 환관이 어째서 승정원의 명령을 따르지 않은 것입니까? 나중에 신이 전교(傳敎 임금이 명령을 내리는 것, 혹은 그 명령)를 보니, 전하께서 고치지 말 것을 명하시고 직통으로 승정원에 내려보내셨습니다. 어리석은 신은 사안의 전모를 모르지만 승정원은 후설(喉舌 목구멍과 혀, 즉 임금의 명령을 전달하는 직책을 비유함)로 불리니 크고 작은 일이 모두 이 기관을 경유해야만 합니다.[33] 이는 거처하시는 내전內殿과 집무를 보시는 외정外廷 모두에 해당합니다. 그렇게 임금의 명령에서 특별히 나온 것이라면 비록 작은 세세한 일이라도 이는 곧 '전교傳敎'가 되는 것이지 어떻게 '수본'이라고 하겠습니까? 이미 그것이 환관이 올린 수본이라면 더더욱 승정원을 경유하지 않고 들어가서는 절대 안

---

33 이 글을 쓸 당시 율곡은 승정원 소속인 우부승지였다.

율곡의 상소

됩니다. 공정한 마음으로 다시 살펴보면 그 이치가 자명합니다. 승정원에서 그 명령이 성상의 뜻에서 특별히 나온 것인지를 어떻게 미리 알아서 환관을 안 꾸짖을 수 있겠습니까? 전하께서는 공정한 마음을 내시지 못하고 매우 엄하신 목소리와 얼굴빛을 보이시는데 이는 후설과의 관계를 소원하게 하시면서 오히려 환관과 가까이 지내시는 것과 같습니다. 즉, 조정 신하들을 경시하고 모멸하는 경향을 전하께서 조장하시는 것입니다.

성상의 교지에서는 '요즘 여러 현안에 착오가 많은 것은 임금이 엄하지 않기 때문이다'라고 하셨습니다. 아아! 환관 따위가 감히 승정원 신하에게 항거하고, 내노內奴[34]가 감히 분에 가당치 않은 은혜를 바라며, 왕실 인척들은 말을 타고 가다 임금의 교서(敎書 임금의 명령서, 선포문, 혹은 당부하는 말이 담긴 문서)를 만나도 비켜서지 않는 일련의 상황들은 전하의 정치가 엄하지 않다는 방증입니다. 전하께서는 혹시 이런 것을 가지고 자책하시는 겁니까?

한나라 문제文帝 때는 태자가 사마문(司馬門 황궁의 외문) 앞을 지나면서 수레에서 내리지 않자 문지기였던 장석지張釋之

---

34 내노는 내수사內需司에 딸린 노비이다. 내수사는 왕의 사적 재산을 담당하는 관서로 왕가의 재산인 베, 쌀, 노비, 잡물 등을 관리하였다. 보통 환관들이 임금 직속으로 보고하는 방식으로 운영되었다.

가 탄핵하는 상소를 올립니다. 또 등통鄧通이 한 문제의 총애를 받는다고 무례하게 행동하자 승상은 소환장을 내고 장차 등통의 목을 베려고 했습니다.[35] 상식으로 보면 태자를 불경하게 대하는 것은 임금을 무시하는 것이 아니겠습니까? 총애를 받는 신하를 참수하려는 것은 권세를 마음대로 휘두르는 것이 아니겠습니까? 하지만 문제께서는 임금의 위엄을 잃지 않으면서도 나라를 훌륭히 다스릴 수 있었습니다. 이런 것은 정말로 오늘날 사람이 어깨를 견줄 수 있는 경지가 아닙니다. 전하께서는 가까운 신하들과 친밀히 지내시지 않으시고 환관을 사신(私臣 한 개인에게 속한 신하)으로 삼으시고, 백성을 백성으로 대하지 않으시고 내노들을 사민(私民 한 개인에 속한 백성)으로 삼으셨습니다. 이러한 병폐를 없애지 않으면 요즘 여러 현안이 잘될 길이 없습니다. 신은 전하께서 엄해질수록 요즘의 현안이 잘못될까 걱정입니다.

한나라 무제武帝는 관을 쓰고 있지 않다가 급암汲黯을 보고

---

35 당시에 한나라 승상은 신도가申屠嘉였다. 등통은 특별한 재주가 없었지만 종기를 앓던 문제를 위해 종기를 입으로 빼는 등 황제의 비위를 잘 맞추었다. 문제는 그런 등통을 총애하여 높은 벼슬을 내리고 부유하게 살도록 해주었다. 구리 광산을 주었기 때문에 등통은 막대한 부를 누렸다. 강직하고 청렴한 승상인 신도가는 등통이 조정에서 무례하게 구는 것을 죄목으로 삼아 참수형을 명했다. 이에 한문제는 등통을 불러들여 사면해주고 신도가에게 사과하였다.

서 장막 속으로 피하였고,[36] 당나라 태종은 새매(鷂 성질이 사나운 새)를 팔에 올려놓고 있다가 위징을 보고 품속에 감추었습니다.[37] 이 두 임금들로 말씀드리면, 도道에 있어서는 비록 철저히 완벽하게 얻지는 못했지만 정령이 엄하고 분명하며, 신상필벌(信賞必罰 상과 벌을 주는 것을 정확하고 공정하게 함)을 보증하여 왕실의 인척이나 내시들이 감히 법을 어기지 못하였습니다. 그리하여 지금 세상이 미칠 수 없는 치세를 이루었습니다. 이 두 임금들이 임금으로서 신하를 두려워하고 마치 엄하지 않은 듯해 보이는 것은 왜 그런 것이겠습니까? 이 두 임금은 신하를 두려워한 것이 아니라 의(義 마땅히 해야 할 규

---

36 한 무제는 대장군 위청衛靑이 곁에서 모실 때 옆으로 걸터앉아서 그를 대하고, 승상 공손홍公孫弘이 배알할 때도 종종 관을 쓰지 않았다. 하지만 급암이 알현할 때는 언제나 관을 쓰고 만났다. 어느 날 무제가 관을 쓰지 않은 채로 장막들 사이에 있었는데 급암이 아뢰러 오자 밀러서 그를 보고 장막 안으로 몸을 숨기고는 사람을 시켜 아뢴 것을 재가하도록 하였다. 급암은 무제 때 고위 관직자로 강직하고 직간하기를 좋아하는 성격이었는데, 무제나 신하들의 말을 면전에서 반박하고 꾸짖기까지 하였다. 그래서 무제나 신하들 모두 그를 두려워하였다.

37 당 태종이 아름다운 새매를 얻어서 애지중지 팔에 올려놓고 놀고 있었는데 위징이 오는 것을 보고 소매 품속에 숨겼다. 이는 태종이 위징의 간언을 두려워하고 매우 꺼렸기 때문이다. 그런데 위징은 새매를 숨긴 것을 알아채고 일부러 오랫동안 아뢰었다. 결국 새매는 태종의 품 안에서 죽게 되었다. 이 이야기는《통감절요通鑑節要》〈당기 태종황제唐紀 太宗皇帝〉(상)에 나온다. 이처럼 성세를 이룬 태종은 위징과 같은 직언을 하는 신하가 있었고, 그를 두려워하면서도 그의 간언을 경청하였다.

범)를 두려워한 것입니다. 엄하기만 하고 의를 두려워하지 않으면 실패하지 않는 경우가 없습니다. 전하께서는 혹시 자신을 돌이켜 반성하시고 의를 생각하시는지요?

또 최근에 사헌부司憲府에서 논쟁 중인 사안에 대해 신은 그 전말을 잘 모르지만, 사헌부가 진위를 대조하여 조사한 것이 그리 자세하지 않은 것은 아닌지 매우 의심스럽습니다. 왜냐하면 전하께서 비록 사욕이 조금 있는 것은 극복하지 못하셨더라도 곡직(曲直 사리의 옳고 그름)을 덮어두고 한 노비를 가지고 필부와 서로 다투지는 않으실 것이기 때문입니다.[38] 신하들의 생각이 여기에 미치지 못하니 지혜롭지 못한 면이 있다고 할 수 있습니다. 그렇다고 해도 전하께서 그가 당연히 내수사에 소속되어야 함을 이미 아시면서도 주시기를 허락하셨다면 임금의 도량이 넓으심을 더욱 공경하고 우러러보았을 것입니다. 하지만 여러 날 고집을 꺾지 않으시니 신하와 백성들은 전하께서 사적인 것을 아끼는 마음이 아직 남아 있으시지 않은가 하고 생각할 것입니다. 임금께서는 엄한지 아닌지

---

38 내수사에서 정현조鄭顯祖의 첩의 노비인 익랑翼廊을 내수사에 소속시킨 일이 있었는데, 익랑은 정현조의 종이었으므로 이는 공정하지 못한 처사였다. 이에 대해 사헌부가 법대로 집행하려 하자 선조는 내수사를 두둔하였다. 이에 대해 옳지 못하다는 공론이 일어났고, 당시 홍문관 부수찬으로 있던 김우옹金宇顒이 차자를 올려 내수사와 임금의 태도가 공적이지 못하다고 비판하였다.

를 걱정하지 마시고 공정한지 아닌지를 걱정하십시오. 공정하면 사리가 분명하게 이해되고, 사리가 분명하게 이해되면 엄함이 그 속에 있습니다.

엎드려 바라건대, 전하께서는 법이나 제도를 시행하실 때 지위가 높고 가까운 신하에서부터 시작하시고, 마음속에만 있던 인仁을 밖으로 꺼내어 민중들에게까지 도달하게 하십시오. 궁궐과 관아가 일체가 되게 하시고[宮府一體]³⁹ 임금을 가까이 모시는 것을 믿고서 환관이 조정의 신하들에게 무례하게 대하지 못하도록 하십시오. 억조 백성을 한결같이 보시고 내노가 임금과 개인적으로 친밀한 것을 믿고 가당치 않은 바람을 갖지 않도록 하십시오. 내탕(內帑 왕실의 재물)은 책임자에게 맡겨 관리하게 하고 사유물처럼 다루지 마십시오. 치우치고 어지러운 생각은 마음속에서 끊으시고, 공평한 도량으로 널리 포용하고 은혜를 베푸십시오. 이렇게만 하신다면, 나라 안의 창고가 모두 나라의 재정이니 어찌 필요한 비용이 없을까 걱정하겠습니까? 온 나라 사람들이 모두 나라의 신하이니 어찌 노비가 없을까 걱정하겠습니까?

---

39 이 말은 당시에 궁궐과 관아가 서로 대립되어 있거나 혹은 소통을 원활히 하지 못했다는 것을 의미한다. 궁궐은 왕실과 환관을, 관아는 조정 관료들을 함축한다.

임금의 비자금과 비자금 관리인, 내수사와 환관

조선시대에도 최고 통치자의 비자금과 그것을 관리하는 관원이 있었다. 그 시절에도 왕실 재정과 국가 재정이 구분되었다는 것이다. 그런데 이 통치자의 비자금은 내수사內需司라는 국가 기관에서 버젓이 드러내놓고 관리되었다. 내수사는 왕실의 지출을 대기 위한 왕실 사유 재산을 관리하는 국가 기구로 토지, 목장, 곡물, 노비가 주된 재산 목록이었다. 하지만 이러한 왕실의 사유 재산 운영과 그것이 야기한 폐단은 신하들에게 비판받았고, 내수사 폐지론이 논의되었다. 특히 사림파들이 적극적으로 폐지론을 주장했는데, 조광조를 중심으로 한 기묘사림의 개혁안에도 내수사 혁파론이 포함되어 있었다. 내수사 혁파는 왕실의 공적 성격의 강화라는 명목으로 주장되었지만 실질적으로는 왕권 견제의 목적을 띠었다.

내수사는 하나의 관아지만 특이하게 관리인이 조정 신료가 아니라 환관으로 구성되었고, 내수사에 관한 공무는 승정원을 거치지 않고 환관이 임금에게 직계하는 형태로 운영되었다. 내수사 노비는 왕실이 소유한 농장을 경작하거나 공물을 납부하는 일을 했다. 그들은 상전이 왕실이라는 점에서 일반 공노비나 사노비보다 실제적으로 높은 지위와 권한을 누렸다. 특히 내수사 혁파론의 주된 내용은 내수사의 고리대 운영에 관한 것이었다. 내수사는 백성들에게 곡식을 빌려주고 보통 50퍼센트의 이자를 챙겼을 뿐만 아니라 백성의 논밭이나 노비를 빼앗기도 하는 등 민생을 수탈하곤 했다. 그렇기 때문에 사람들은 끊임없이 내수사의 혁파를 주장한 것이었다. 하지만 임금은 이에 대한 논의가 나오면 내수사를 두둔하거나 회피하였는데 이는 왕가의 재산을 보호하기 위해서였다. 율곡은 내수사의 운영이 공적이지 못하다고 비판하며 호조로 병합할 것을 제시하기도 하였다.

환관은 임금의 비자금을 관리해줄 뿐만 아니라 정치에 개입할 정도로 권력을 가질 수 있는 자리였다. 임금을 가장 가까이에서 모시고 보호하며 관부와 임금을 매개하는 존재였기 때문이다. 환관은 원칙적으로 종9품부터 종2품까지 오를 수 있는데, 그중 오늘날 차관급에 해당하는 종2품 상선尙膳이 가장 높은 직책으로 내시부의 수장이었다. 상선은 임금의 깊은 신임을 받는 자만이 오를 수 있었다.

환관의 주요 임무는 궁궐의 음식을 감독하거나, 주방·차茶·약·왕실의 농토·내수사를 관리하거나, 창고나 문을 지키고 왕명을 출납하는 일 등이었다. 그중 왕명의 출납을 맡은 환관을 승전색承傳色이라고 하였는데, 이 직책은 왕명을 전달하는 일이기 때문에 큰 권력을 누렸다. 비슷한 기능을 하는 국가 기관인 승정원은 승전색과 종종 마찰을 빚었다. 임금에 따라서 왕명 출납을 승정원에게만 맡기기도 하도 승전색에게만 맡기기도 했기 때문이다.

세종 대에는 승정원에 왕명 출납을 전담하게 한 반면 연산군 대에는 환관에게 왕명 출납을 전담하게 하였다. 하지만 일반적인 경우 육조와 각 관서는 승정원과 승전색을 거쳐 보고했으니 신하의 말이 왕에게 도달하는 데 세 번 옮겨져야 했다. 그러한 과정 속에서 내용이나 어조가 조금씩 달라지는 문제가 빈번하게 발생했다. 어떤 경우는 승전색이 악의로 신하를 모함하기 위해 일부러 다르게 전달하는 경우도 있었다.

신하 ⇆ 승정원 ⇆ 승전색 ⇆ 왕

왕명 출납 과정

환관이 왕명을 출납하게 되면 환관의 권력이 강해지는 동시에 왕과 신하 사이의 소통에 장애가 생겼으므로 조정 신하들은 승전색이 왕명을 출납하는 것에 반대하였다. 조신들의 반대에도 불구하고 승전색을 통해 왕명을 출납한 것은 환관의 권한을 높임으로써 왕권을 강화하고 신권을 억누르려는 의도였다. 일례로 연산군 대에는 환관을 우대하고 권한을 주어 환관들이 권력을 누리고 조신들을 능멸하는 일이 비일비

율곡의 상소

재하게 일어났다. 대신이라도 왕명을 전달하는 환관을 길에서 만나면 말에서 내려야만 했다. 율곡은 환관이 권세를 쥐고 임금의 눈과 귀를 가렸던 역사를 알았기에 환관을 멀리할 것을 임금에게 조언했다.

내수사와 환관이 갖는 공통점은 그것이 임금의 사적인 영역이라는 점이다. 율곡은 세상에서 가장 공적이어야 할 임금이 사적인 재물, 사적인 하인을 갖는 것이 문제라고 지적하였다. 나아가 조정과 민간에 만연한 부정부패를 척결하고 공직자의 기강을 바로잡는 것은 임금이 완벽하게 공적이 되는 일에서부터 시작한다고 보았다.

어질고 유능한 선비들을
가까이 한다

'어질고 유능한 선비를 가까이 하여 충심으로 하는 조언이 가져올 이익을 이용한다'는 것은 다음과 같은 뜻입니다. 임금이 배움의 길로 나아가기 위해서는 '올바른 선비[正士]'를 가까이 하고 친밀하게 지내는 것이 가장 좋은 방법입니다. 보는 것이 모두 올바른 일이고 듣는 것이 모두 올바른 말이라면 임금이 비록 올바르지 않은 일을 하고자 하여도 할 수 있겠습니까? 만약 올바른 사람과 친밀히 지내지 않고 환관이나 궁녀들을 가까이 한다면 보는 것이 올바른 일이 아니고 듣는 것이 올바른 말이 아니게 됩니다. 그렇게 되면 임금이 비록 바른 일을 하고자 하여도 할 수 있겠습니까? 옛 어진 사람의 말씀 중에 이런 말이 있습니다.

천지가 한 시대의 사람들을 낳으면, 그들 스스로 한 시대의 일을 감당할 수 있게 하였다.
《이정유서》

이 말은 다른 세대로부터 인재를 빌리지 않는다는 것입니다. 오늘날 정말로 어질고 유능한 인재는 만나기가 어렵습니다. 그렇지만 한 시대의 인물을 모두 찾아 뽑아서 출신이 어떤지를 따지지 않으며 조정 인사냐 재야인사냐를 따지지 않으면 어찌 한두 명 정도 임금을 보필할 만한 인물이 없겠습니까?

엎드려 바라건대, 전하께서는 널리 여러 사람에게 물어보고 정밀하게 선발해서 반드시 정말 적당한 사람을 얻으셔야 합니다. 그중에서 과거에 급제한 이들은 옥당(玉堂 홍문관을 말함)에 모이게 하여 다른 직책으로 옮기지 마시고, 과거에 급제하지 못한 자들은 한직(閑職)을 주고 경연에도 참여토록 하고, 당상관(堂上官)에 오른 자는 원래의 관직을 유지하게 하고 경연관도 겸하게 하십시오. 이 선발 명단에 있는 자들은 날을 번갈아가며 임금을 뵈러 대궐로 오게 하여 품고 있는 생각을 펼치게 하십시오. 전하께서는 아집을 버리고 얼굴색을 온화하게 하여 그들의 충심과 도움을 받으십시오. 강학[40]할 때는 반드시 의리(義理 성리학에서 말하는 도덕 법칙)를 깊이 탐구하시고 통치에 대해서 토론할 때는 반드시 실제의 효과를 추구해야 합니다. 비록 경연하는 날이 아니라도 꾸준히 편전에서

---

40 성리학자들은 배움에 대해서 토론하였다. 즉, 그들은 올바른 배움, 그리고 배움의 방법 등에 대해서 토론하고 논쟁한 것이다.

소대(召對 정규적으로 열리는 경연인 아침의 조강朝講, 낮의 주강 晝講, 오후의 석강夕講 이외에 불시로 열리는 경연)를 여시고 오 직 사관史官만 함께 들어오게 하십시오. 의심나는 부분을 물 으시고 전하의 깊은 뜻을 드러내 보이십시오. 승지承旨 같은 이들은 선례에 따라 공무公務를 하루에 한 번 아뢰게 하고 그 에 대한 전하의 뜻을 친히 받게 하십시오. 대신과 대간의 말은 때에 구애받지 말고 반드시 입궐하여 친히 아뢰게 하는 등 선 대 임금들의 규범을 다시 회복하십시오. 이렇게 하신다면 임 금과 신하의 관계가 날로 가까워지고 의중도 큰 차이가 없어 질 것입니다. 성리학에 대한 이해도 날로 깊어지고 성학이 점 차 깊어질 것입니다. 그러면 임금과 신하가 서로 사귐에 즐거 움이 있는 것이 마치 물과 물고기가 만난 듯할 것입니다. 사악 하고 더러운 것은 감히 '하늘의 해[天日]'를 더럽힐 수 없을 것 입니다.

이 네 가지가 자기수양의 조목입니다. 대체로 이러한데 그 세부적인 지침은 오직 전하께서 유념하셔서 알고 실천하시는 데에 달려 있을 뿐입니다.

율곡의 상소

신하들의 충정을 얻는다

한 나라의 최고 통치자가 정치를 잘하기 위해서는 좋은 관료들이 필요하다. 좋은 관료가 이미 갖추어졌다면 그들과 원활하게 소통해야 한다. 숨기는 것이 있거나 서로를 믿지 못하면 오해가 생기고 이로 인해 각종 나랏일들을 그르치게 된다. '성의誠意'는 성리학의 가장 기본적인 경전 중 하나인《대학》에 나오는 수양의 한 방법이다. 율곡은 이 '성의'라는 것이 어떻게 정치적으로 유용하고 또 절실한지를 설명한다. 율곡이 이 과제를 강조하고 〈만언봉사〉에 포함시킨 이유는 당시 임금이었던 선조가 신하들과 참된 마음으로 소통하지 못했고 그로 인해 최고 통치자와 관료들 간에 오해와 불신이 만연했기 때문이라고 추측해볼 수 있다.

'참된 마음[誠心][41]을 열어서 여러 신하들의 마음을 얻는다'는 것은 다음과 같은 의미입니다. 훌륭한 성왕聖王들은 사람을 대하고 일을 처리함에 있어서 한결같이 지극한 정성으로 임했고, 어떤 사람이 군자라는 것을 알게 되면 그를 의심 없이 임용하고, 어떤 사람이 소인이라는 것을 알게 되면 가차 없이

---

41 '성誠', '성심誠心', '성의誠意'는 문맥에 따라서 성심, 정성, 참된 마음 등으로 번역하였다.

내쫓았습니다. 의구심이 들면 임용하지 않고, 이미 임용하였으면 의구심을 품지 않았습니다. 허심탄회한 마음으로 신하들을 이끌어 가고 평평탕탕(平平蕩蕩 평평하고 넓은 모습, 공정함을 의미함)했습니다. 따라서 신하된 자도 임금을 마치 부모처럼 우러러보고, 사계절이 때를 어기지 않고 나타나는 것처럼 신뢰하며, 벼슬길에 나아가서는 맡은 소임을 해낼 수 없을까를 걱정하듯이 일하고 더욱 충심을 다했습니다.

벼슬에서 쫓겨나면 스스로의 잘못과 죄를 알아서 오직 자신을 자책하였습니다. 그렇기 때문에 성왕이 사람들의 마음을 얻어서, 사람들이 성왕을 위하여 끓는 물이나 불 속으로 뛰어들 수 있고 시퍼런 칼날을 밟을 수 있었습니다. 그래서 갓난아기인 어린 왕을 왕위에 앉히고 고인이 되신 선왕의 옷을 걸어놓고 조회를 하여도 나라가 어지러움에 빠지지 않을 수 있었습니다. 신하들은 오직 임금이 계시다는 것을 알 뿐이고 자신이 있다는 사실을 모르니, 이것은 다름이 아니라 지극한 정성이 신하들을 감동시켜서 그런 것입니다.

훗날의 임금들은 '참된 마음[誠意]'이 부족하고 지략으로만 천하를 부리려 했습니다. 임용하는 관리들도 꼭 어질고 유능한 자들이 아니고 자신의 구미에 딱 맞는 사람만을 등용했습니다. 내쫓은 관리들도 꼭 어질지 않거나 무능한 사람이 아니고 임금 본인과 다른 견해를 내는 사람을 미워했습니다. 간혹 자신의 구미에 부합하는 사람이라고 해도 그중에는 미처 신뢰하지 못했기 때문에 임용해서도 의구심을 떨쳐버릴 수가 없었고, 의심하면서도 임용하지 않을 수 없었습니다. 대신이 나랏일을 맡아서 직무에 최선을 다하면 대중의 마음이 반드시 그에게로 쏠릴 텐데 어찌 대신이 권력을 장악하고 정치를 제멋대로 한다고 의심치 않겠습니까? 간관(諫官 간언의 직무를 맡은 신하로, 사간원과 사헌부 관리를 통칭하여 말함)이 면절정쟁(面折廷爭 임금의 면전에서 논쟁이나 직간을 함)하면 조정과 재야의 사람들이 반드시 주목할 텐데 어찌 간관이 직언을 팔아서 명성을 사려고 한다고 의심치 않겠습니까? 군자와 소인은 각자 유유상종類類相從이니 누가 붕당을 만드는지 어떻게 알겠습니까? 훌륭한 정책과 간사한 논의는 뒤섞여 같이 생겨나니 무엇이 나라를 망칠지 어떻게 알겠습니까?

이런 판국에, 간사함과 올바름은 분별하기가 어렵고 옳고 그름도 판별하기가 어려워서 관행에 따라서 해나가자니 쇠퇴하거나 더 도태될까 걱정이고, 개혁하자니 시끄러운 소동과 혼란함이 꺼려집니다. 임금의 마음은 파도처럼 요동치고 갈피를 못 잡고 고민하고 있는 그때, 꼭 엄청난 간신이 숨어서 틈을 엿보아 임금의 비위를 맞춰가며 따르다가 본래의 교묘함을 서서히 드러냅니다. 간신은 임금의 마음에 점차 스며들고, 잘 접대하여 임금을 기쁘게 하고, 위험하고 두려운 말을 하여 미혹케 합니다. 임금의 마음이 점차 간신을 신뢰하여 간신이 늘어놓는 술책에 빠진다면 어질고 선한 인재들은 모조리 섬멸되고 나라는 반드시 망하게 됩니다. 이러한 사태는 다른 것이 아니라 바로 '마음에 진실함이 없음[不誠]'이 초래한 것입니다.

오늘날 전하께서는 선善을 좋아하시고 선비를 아끼시는 것이 정말로 '참된 마음[誠]'에서 우러나온 것입니다. 하지만 오직 여러 신하들의 재능과 덕행이 부족하고, 믿고 의지할 만한 신하가 적기 때문에 나랏일을 맡길 의사가 없으신 듯합니다. 심지어 말씀 중에도 불신하는 마음, 깔보는 언사가 없지 않습니다. 이런 것들은 신하들이 참으로 자초한 것이지만, 성상께서도 자신을 돌이켜 반성하시지 않으면 안 됩니다.

엎드려 바라건대, 전하께서는 지극히 '참된 마음'으로 신하들을 대하는 데에 힘쓰십시오. 마음에서 옳다고 여기면 말로도 옳다고 말씀하시고, 마음에서 그르다고 여기면 말로도 그른 것을 배척하십시오. 신하가 벼슬에 나오면 그 어질고 능력 있는 것에 반드시 상을 주고, 신하가 벼슬에서 물러나면 그 과오를 반드시 헤아리십시오. 마음을 마치 대문과 같이 활짝 여시고 여러 신하들로 하여금 모두 우러러 바라볼 수 있도록 하셔서 조금도 막힘이 없게 하십시오. 이렇게만 하신다면, 신하들 또한 임금을 의심하고 두려워하는 마음이 없어질 것이고,

율곡의 상소

자신의 의중을 모조리 전달하는 데 힘쓸 것입니다. 군자는 충성을 다 바칠 생각을 품을 것이고 소인은 음모를 꾸미려는 생각을 끊을 것입니다.

공안을 개혁한다

'공안을 개혁하여 가혹하게 수탈하는 피해를 없앤다'는 것은
다음과 같은 의미입니다. 선대 임금 때는 '나라 살림에 필요한
비용[用度]'을 매우 절약하여 백성에게서 취하는 것이 아주 적었습
니다. 연산군 중기 때에는 '나라 살림에 필요한 비용'으로 사치를 많
이 부려서 일상적인 공물로는 그 수요를 충당하기가 부족했
습니다. 이런 판국에 조정은 공물을 더 배정하여 욕심을 채웠
습니다. 신이 예전에 이런 이야기를 듣고 감히 믿지 못하였습
니다. 그런데 승정원에 있을 때 호조戶曹의 공안을 가져다가
살펴보니, 여러 가지 공물이 모두 홍치弘治 신유년(1501)에 더
배정한 것인데도 지금까지 그것을 그대로 사용하고 있었습니
다. 그 시기를 보니 연산군 조정 때였습니다. 신은 저도 모르
게 문서를 덮고 크게 탄식하면서 이렇게 읊조렸습니다.

'이런 일이 있을 수 있는가! 홍치 신유년에서 지금까지 무
려 74년이 지났는데 그 사이에 성군이 안 계셨던 것도 아니고
어질고 능력 있는 선비들이 조정에 서지 않았던 것도 아닌데
이런 제도가 어째서 아직까지도 고쳐지지 않았단 말인가?'

그 까닭에 대해 곰곰이 생각해보니 70여 년의 세월 동안 모

두 권세를 쥔 간사한 무리가 나랏일을 도맡았던 사실이 떠올랐습니다. 두세 명에 불과한 군자가 간혹 조정에 섰다고 해도 품은 포부를 미처 펴지 못하였습니다. 게다가 뜻밖의 사화가 꼭 뒤따랐으니 어느 겨를에 이런 폐단에 대해 논의할 수 있었겠습니까? 분명 그 폐단의 시정은 오늘날을 기다렸을 것입니다. 또한 물품 생산이 때에 따라 혹 변하기도 하고, 백성의 재물과 토지의 양도 때에 따라 증감이 있습니다. 하지만 공물을 배정한 것[貢物分定]은 건국 초기에 있었던 일이고 연산군 때는 단지 거기에다가 더하여 배정한 것일 뿐인데 이 또한 적절한 양을 잘 헤아려 시대마다 수정해오지 않았습니다. 오늘날 여러 읍이 내는 공물은 대다수가 그 읍에서 산출하는 것이 아닙니다. 이는 마치 나무에 올라가 물고기를 잡으려 하고, 배를 타고 바다에 나가 짐승을 잡으려는 것과 같습니다. 결국 백성은 다른 읍과 거래하거나 혹은 한양에서 열리는 시장에 가서 거래하여 공물을 마련하는 수밖에 없습니다. 그리하여 백성이 부담하는 비용도 백배가 되었고, 나라 살림에 필요한 비용[公用]도 넉넉지 않게 되었습니다. 게다가 백성의 가호가 점차로 줄고 밭도 점점 황무지가 되어가니 예전에 백 사람이 내던 양을 지난해에는 열 사람에게 책임 지워 바치게 하고, 지난해에는 열 사람이 내던 양을 올해에는 한 사람에게 책임 지워 바치게 하였습니다. 그 추세는 마지막 한 사람마저 없어진 후에야 그칠 것 같습니다.

　오늘날 공안을 올바로 고치자는 말을 꺼내면 논의에 참여한 자들은 반드시 선대 임금이 정한 제도[祖宗之法]를 들먹거리면서 경솔하게 개혁할 수 없다고 합니다. 비록 선대 임금이 정한 제도라고 하더라도 민생이 궁핍하기가 이 지경에 이르면 고치지 않을 수 없습니다. 더군다나 연산군의 제도이니 어찌 고치지 않을 수 있겠습니까?

　엎드려 전하께 바라건대, 사안을 명료히 파악할 수 있는 지혜가 있고 사려가 깊은 신하, 추리하여 계산할 수 있는 심계(心計 마음속의 계획)가 있는 신하, 무슨 일이든 원활히 처리할 수 있는 재능을 갖춘 신하를 꼭 가려 뽑으셔서 그들에게 적합한 일을 맡기고 대신들이 통솔하도록 하십시오. 그리하여 연산군 때 추가로 배정한 공물을 모두 제거하고 선대 임금의 옛 제도를 회복하십시오. 여러 읍에 어떤 생산물이 있는지를 조사하고, 토지의 많고 적음을 조사하고, 백성의 가호가 얼마나 줄고 늘었는지를 조사하고, 추이를 산정하여 하나같이 고르고 평등하게 하십시오. 반드시 본색(本色 본래 정해진 공물)만을 각 관청에 납부토록 하면 따로 금지하는 법령을 내리지 않아도 방납이 저절로 없어질 것이며 민생은 거꾸로 매달린 것을 풀어주는 듯이 좋아질 것입니다. 오늘날 급선무 중에 이보다 더 중대한 일은 없습니다.

　　　　　　　　　　　　　　　　　　율곡의 상소

공납 제도의 폐단을 해결하기 위한
율곡의 정책 제안

〈동호문답〉과 〈만언봉사〉에서 공통적으로 다뤄지는 문제는
공납의 폐단이다. 이 폐단은 200년간 조선의 백성들을 괴롭
혔고, 이를 해결할 정책을 마련하기 위해 조선의 정치인들은
많은 토론과 실험을 했다. 그러면 공납이란 무엇이고 어떤 문
제를 야기했는가?

공납이란 세금 제도의 하나로 민생과 국가 재정에 직접적
으로 연결되어 있었기 때문에 무엇보다도 큰 국가 대사였다.
조선에는 크게 세 가지 종류의 세금이 있어 이것으로 국가 재
정을 꾸렸다. 첫째는 토지에 부과한 세금, 둘째는 노동력, 셋
째는 진상을 위하여 현물로 받는 지역 특산물이다. 공납의 폐
단이란 이 중 세 번째 세금이 점차로 증가하면서 생겨난 여러
가지 문제점이었다. 토지에 부과한 세금은 점차 줄고 사람에
게 매기는 현물 납부는 증가했으니 부유한 지주들에게 유리
하고 토지가 없는 자들에게는 불리한 세금 제도였다. 결국 무
거워진 공물 납부를 견디지 못하고 도망치는 유망민이 발생
하여 또 다른 사회 문제를 야기하고 국가 재정은 더 궁핍해질
수밖에 없었다.

공납제의 문제는 율곡이 처음 제기한 것이 아니었다. 중종

때 조광조 역시 이미 이에 대한 문제를 제기하고 해결책을 제안했다. 조광조는 방납의 폐단을 시정하기 위하여 공안 개정을 주장하고 해당 지역에서 나는 현물이 아닌 것은 제외해야 한다고 했다. 율곡의 주장도 이 같은 사림파의 공납제 개혁론의 한 흐름 속에 있는 것이었다. 다만 율곡의 정책 중 독창적인 것은 그가 공물을 쌀로 내자고 제안한 것이었다.

율곡의 개혁안은 훗날 대동법 실시를 위한 여러 정책 제안의 원형이 되었을 뿐 아니라 조선 후기의 정치인들에게 큰 영감을 주었다. 일례로《반계수록磻溪隨錄》을 쓴 유형원(柳馨遠 1622~1673)도 자신의 정책과 개혁안이 율곡에게서 나온 것임을 밝히고 이를 계승하여 시대 변화에 맞게 변용하고 발전시켰다. 비록 당대에는 율곡이 제안한 정책들이 쓰이지 못했지만 그 제안들은 대동법의 원형이 되었고 조선의 많은 경세 사상가들에게 큰 영향을 미쳤다.

사치하는 풍조를 개혁한다

이 장에서는 국가의 재정 지출을 축소하고 백성에게는 공물 부과를 줄여주어 세금 부담을 덜어야 한다고 말한다. 아울러 조정과 왕실의 사치하는 풍조를 없애야 함을 제언하고 있다.

'절약과 검소함을 높은 가치로 여기고 사치하는 풍조를 개혁한다'는 것은 다음과 같은 의미입니다. 백성이 가난해지고 재물이 바닥난 것이 오늘날 너무 심하여 공물貢物을 줄여주지 않을 수 없습니다. 하지만 만약 '나라 살림에 필요한 비용'을 선대 임금의 방식을 본받아 줄이지 않으면, 재정 수입을 기준으로 지출 경비를 맞출 수가 없습니다.[42] 이렇게 되면 모난 그릇에 동그란 뚜껑을 덮는 것처럼 어긋나니 이치에 맞지 않습니다. 게다가 풍속이 사치스러운 것이 오늘날보다 심한 때

42　'재정 수입을 기준으로 지출 경비를 맞춘다'는 말은 '양입위출量入爲出'의 번역인데 조선의 재정 운영 원칙이었다. 이는 거두어들인 세입에 맞추어 절약하여 지출하고 백성들에게 추가적으로 공물을 부과하지 않는 것을 의미했다. 양입위출에 대비되는 개념은 양출위입量出爲入인데, 이는 쓸 만큼 거두는 것을 말한다.

가 없습니다. 음식은 배를 채우기 위한 것이 아니라 상을 가득 차려놓고 뽐내기 위한 것이 되었고, 옷은 몸을 가리기 위한 것이 아니라 멋지게 치장하고 서로 경쟁하기 위한 것이 되었습니다. 한 상 차리는 비용으로 굶주린 자가 수개월 먹을 양식을 마련할 수 있고, 옷 한 벌의 비용으로 추위에 떠는 사람 열 명의 옷을 지을 수 있습니다. 열 사람이 농사를 지어도 한 사람을 먹여 살리기 버거운데, 농업에 종사하는 자는 적고 쌀을 소비하는 사람은 많습니다. 열 사람이 베를 짠다고 해도 한 사람을 옷 입히기에 부족한데 베를 짜는 사람은 적고 옷을 입으려는 사람은 많습니다. 상황이 이러하니 어찌 백성이 굶주리고 추위에 떨지 않을 수 있겠습니까? 옛사람 말에 이런 것이 있습니다.

사치라는 해악은 천재지변보다 심합니다.[43]

어찌 이 말을 믿지 않을 수 있겠습니까? 만약 전하께서 솔선하여 절약하고 검소해지는 데에 힘쓰셔서 이런 병폐를 해결하지 않으시면 형법이 비록 엄하다고 해도, 명령을 부지런히 내린다고 해도 수고롭기만 할 뿐 나아질 것이 없습니다. 신

---

43 중국 서진西晉 때 사람 부함傅咸의 상소문 중에서,《진서晉書》.

은 일찍이 한 원로의 말을 듣고 기록해 두었습니다.

성종成宗께서 병으로 침상에 계실 때 대신들이 문안하러 들어가니, 침상에 덮고 계신 다갈색 명주 이불이 곧 해질 것 같은데도 바꾸지 않으셨다.

이 이야기를 들은 자들은 지금까지도 성종 임금을 흠모합니다. 엎드려 바라건대, 전하께서는 제사 지내는 규범과 선례를 조사하도록 명령을 내리시고, 궁중에서 필요한 비용은 일제히 선대 임금들의 검약하는 옛 제도를 따르도록 하십시오. 전하께서 조정 안팎으로 모범을 보이셔서 백성 사이에 만연한 사치스러운 관행을 고치시고, 다른 사람들로 하여금 진수성찬을 벌이고 화려한 의복을 입는 것에 부끄러움을 느끼게 하십시오. 이렇게 함으로써 하늘이 내려 주신 재물을 아끼고 백성의 노고를 풀어주십시오.

선상 제도를 개혁하여
공노비의 고통을 해소한다

선상 제도와 관련해서는 크게 두 가지 문제점이 있었다. 첫째는 공노비들이 선상이라는 제도 때문에 한양으로 불려와 노동하면서 겪는 '극심한 고통'이 큰 문제였다. 둘째는 '선상 제도를 없애면 공노비들이 담당하던 노동력을 어디에서 끌어다가 보충해야 하는가?'였다. 여기에서 율곡은 당시 조선 사회에서 공노비를 운용하던 특정 방식에 문제를 제기하고 그 해결책을 제시하고 있다. 즉, 율곡은 백성의 일부인 공노비에게 가중된 부당한 고통을 없애주어야 한다고 주장했다. 그리고 동시에 그 제도에서 국가가 이용하던 비용을 어떻게 마련할 것인가를 고민했다. 백성만 중요하게 생각한 것이 아니라, 통치자의 조언자로서 국가의 편에서도 고민한 것이다.

'선상을 고쳐서 공노비의 고통을 해소해준다'는 것은 다음과 같은 의미입니다. 선상 제도를 둔 본래의 취지는 세금 명목의 면포綿布를 마련하고자 함이 아니었고, 한양에 있는 전복(典僕 조선시대 관청, 성균관, 향교 등에 딸린 노비)만으로 노동력을 쓰기에 부족하기 때문에 한양 밖에 있는 공노비로 하여금 한양에서 필요한 노동력을 번갈아가며 충당하게 한 것이었습니다. 가난한 공노비들이 양식을 가지고 한양에 와서 나그네로

체류하며 여러 면으로 고초를 겪었는데, 이를 감당하기가 어려워서 면포를 내는 것으로 부역을 면제받을 수 있게 해주기 시작했습니다. 그런데 지금은 단지 면포만을 징수할 뿐이고 한 명도 부역을 하러 오는 공노비가 없습니다. 날이 갈수록 민생은 궁핍해지고 호구 수는 줄어드는데, 공노비도 백성인지라 어찌 예외겠습니까? 이리저리 떠돌며 제대로 된 생활을 영유하지 못하는데 선상의 부역을 한 번 치르면 집안이 망하지 않는 자가 드뭅니다. 2년은 공물을 바치고 1년은 선상에 차출되어 부역을 치르니 대개 3년이면 반드시 집안이 망하게 마련이어서 공노비들이 극심한 고통을 겪고 있습니다.

게다가 해당 관청의 향리(鄕吏 지방 행정 실무의 잡무를 처리하던 최하위 관리)가 선상 대상자를 나누어 배정하는 것이 균평하지 못합니다. 노비의 수가 많은 읍이라도 뇌물을 건네면 적게 배정해 주고, 겨우 몇 가구뿐인 읍이라도 뇌물을 주지 않으면 많이 배정합니다. 고을의 역량이 뒷받침되지 않으면 그 부담이 일족에게로 미치고, 일반 서민까지도 그 고통을 당합니다. 곤경을 겪은 후에는 아무리 공명정대하고 균평하게 배정한다고 해도 이를 해결해줄 수 없습니다. 만약 이 제도를 고쳐 시대에 맞게 만들어주지 않으면 훗날 무수한 병폐가 생길 것입니다.

어리석은 신은 다음과 같이 생각합니다. 신역(身役 몸으로 치르는 노역)을 면제해주는 대신에 면포를 받는 것은《경국대전》에서 천명한 제도가 아니니 오늘날 또한 선상 제도를 폐지하고 신공(身貢 노비가 신역을 대신하여 납부하던 공물)을 부과하는 것이 옳다고 봅니다. 엎드려 바라건대, 전하께서는 해당 관청에 명령을 내려 노비 장부를 상세히 조사토록 하고 현재 실제 있는 노비의 수에 근거하여 매년 남자 노비는 면포 두 필을, 여자 노비는 면포 한 필 반을 납부하도록 하십시오. 그 합계가 얼마가 되든지 간에 그것의 5분의 2는 사섬시(司贍寺 지폐 발행과 노비가 납부하는 면포를 관장한 관청)에 비축하여 나라 살림에 쓰도록 하고, 5분의 3은 각 관청에 나누어주어 선상 제도로 해결하던 부역에 쓰도록 하십시오. 면포가 부족하면 알맞게 헤아려서 노비들이 부역을 치르는 수를 줄이고 그들로 하여금 신공을 납부케 하십시오. 이렇게만 하신다면 공노비들은 고정된 양의 신공을 부과받고, 미리 준비할 수 있어서 갑자기 신공을 마련해야 할 걱정이 없어지게 됩니다. 또, 조정으로 들어오는 신공의 양도 고정적이어서 신공 장부에 임의적인 누락이나 수정이 없게 되고, 간사한 아전들의 술책도 근절할 수 있고, 상부의 명령이 번잡하지 않아서 백성이 실제적인 혜택을 받게 됩니다.

율곡의 상소

군정을 개혁하여
국방을 굳건히 한다

조선의 군사 행정은 부패해 있었다. 장수들이 정당한 보수를 지급받지 못했고, 그로 인해 그들은 부정한 방식으로 수입을 얻어 생계를 유지할 수밖에 없었다. 그것은 곧 힘없는 백성을 수탈하여 생계를 마련하는 것이었다.

군정을 개혁하는 일은 부패를 제거하여 고통받는 백성을 구제해주는 것이 목적이었다. 하지만, 또 한 가지 중요한 일은 군사 행정에 만연한 부패를 척결하여 국가 방비 태세를 회복하는 일이었다. 즉, 군정 개혁은 백성을 부패한 군관으로부터 구제해주는 일, 그리고 부패를 제거하여 국방을 굳건히 하는 일, 이렇게 큰 두 가지를 성취할 수 있는 일이었다.

'군정을 개혁하여 나라 안팎의 방비를 굳건하게 한다'는 것은 다음과 같은 의미입니다. 하늘이 내린 자연 이상 현상은 이해하기가 어려워 도대체 무슨 일이 하늘에 감응하여 이상 현상이 일어난 것인지 꼬집어서 말할 수 없습니다. 하지만 옛 역사를 가지고 검증해보면, 흰 무지개가 해를 꿰뚫는 이상 현상은 대부분 전쟁을 예견하는 현상이었습니다. 오늘날의 상황을 보면, 군정(軍政 군사 행정) 분야가 엉망진창이고 변방은 무방

비 상태입니다. 만일 위급한 상황이 발생한다면 비록 장량張良
과 진평陳平[44] 같은 참모가 지략을 부리고, 오기吳起와 한신韓
信[45] 같은 장수가 군사를 통솔한다 하더라도 이끌 병사가 없
으면 어찌 홀로 전쟁을 할 수 있겠습니까? 이런 일을 생각하
니 간담이 서늘하고 마음이 떨립니다. 시대가 안고 있는 폐단
은 전에 이미 말씀드렸지만 군정에 대해서는 아직 상세하게
아뢰지 못했습니다. 지금 먼저 군정의 폐단을 말씀드린 후에
대책을 제안하고자 합니다.

첫 번째 폐단

우리나라의 법제는 결함이 많습니다. 병마절도사, 수군절도
사, 첨사僉使, 만호萬戶, 권관權管 등[46]의 관직을 두기만 하고

---

44 장량과 진평은 모두 한 고조高祖의 신하로써 지모가 뛰어났다.

45 오기는 춘추 시기 위衛나라 사람이고, 한신은 전한前漢 초기의 인물인데 두
    인물 모두 명장名將의 대명사로 병법에 능했고, 수많은 전공을 세웠다.

46 병마절도사(종2품)는 각 도에 파견되거나 관찰사가 겸임하기도 한 지방관으
    로 병영兵營을 설치하고 유방留防군을 거느렸으며 각 도의 육군을 지휘하였
    다. 수군절도사는 각 도에 파견되거나 관찰사가 겸임하기도 한 지방관으로
    수영水營을 설치하고 첨사, 만호, 권관 등을 통솔하며 각 도의 수군을 총지휘
    하였다. 첨사(종3품)는 변방 및 각 진관鎭管의 방어를 담당한 무관으로 절도
    사 아래의 지위로 거진巨鎭의 군을 맡아 통솔하고 보통 지방관이 겸직하였
    다. '첨절제사僉節制使'의 약칭으로 병영에는 병마 첨절제사, 수영에는 수군

먹고살 녹봉을 주지 않아서 그들로 하여금 병사들에게서 취해서 장만하도록 하였는데, 변장(邊將 변경 지역의 국방을 맡은 장수)이 병사들을 침탈하는 폐단도 이러한 제도적 결함에서 생겨났습니다. 법제가 점차로 느슨해지자 탐욕과 포학성이 더욱 성행합니다. 게다가 관리의 등용이 공정하지 않아 채수(債帥 뇌물을 주고 관직을 사서 장군이 된 사람)가 빈번히 생겨나고 공공연하게 '어느 진鎭의 장수 자리는 그 값이 얼마이고, 어느 보堡의 관직 자리는 그 값이 얼마이다'라는 말이 돌았습니다. 그런 무리들은 병사들에게서 재물을 착취하여 자신만 출세할 줄 알 뿐이지 다른 무엇에 신경을 쓰겠습니까? 유방(留防 조선시대 군사 요충지에 군사를 주둔시켜 국경을 방어함)을 힘들게 여겨 면포를 납부해서라도 수역(戍役 변방에서 병사로서 국경을 방어하는 일)을 면제받으려는 사람들은 채수들을 반가워하고 따를 것입니다. 하지만 진에 머무는 사람들에게는, 감당하기 어려운 부역을 강요하고 마련하기 어려운 비용을 독촉하니 이 형세가 마치 기름불 속에서 지지고 볶는 것과 같습니다. 사람이 목석이 아닌 이상 누가 자기 자신을 아끼지 않겠습니까? 수역을 면제받은 사람이 자신의 집에 누워 있는

첨절제사가 있었다. 만호(종4품)와 권관(종9품)은 모두 거진의 하급 진영인 진鎭과 보堡의 방어를 담당한 무관이었다.

것을 보면 부러워하지 않을 사람이 없고, 또 그것을 따라 하려 할 것입니다. 만약 많은 사람들이 수역을 면제받게 되면 진이나 보는 장차 텅 비게 될 것이니 반드시 근처에 사는 사람들을 꾀어서 척간(擲奸 부정이 있는지의 여부를 조사함)할 때 거짓이름으로 점호를 대신 받게 합니다. 순시하며 점검하는 관리는 단지 그 수만 살펴볼 뿐이니 누가 진짜와 가짜를 따지겠습니까? 수역을 면제받으면 비록 편하지만 면포는 마련하기가 어렵기 때문에 유방에 여러 번 걸리면 집안이 빈털터리가 됩니다. 백성들은 면포를 댈 수가 없어서 줄줄이 도망칩니다. 다음 해에 장부에 적힌 수대로 수역을 독촉하면 해당 읍은 반드시 그 일족 중에 한 명이 수역을 치르게 하고, 일족이 도망가면 그 일족의 일족으로 하여금 치르게 합니다. 재앙과 병폐가 만연하여 끝이 없어서 장차 백성이 한 명도 남지 않게 될 형세입니다.

그런데 채수라 불리는 자들은 의기양양해하며 짐을 한가득 싣고 집으로 돌아와 아내와 첩에게 뽐냅니다. 가난한 자들이 이렇게 부유해지고, 권세 있는 가문에 뇌물을 보내 승진을 꾀하니 천한 자들이 이렇게 귀한 신분이 됩니다. 오늘날 이런 문제에 대해 논의하는 자들은 이 폐단을 바로잡고 고치는 데에는 생각이 없고 그저 군인 수를 충족시키지 못하는 것만을 걱정거리로 삼습니다. 어리석은 신은 다음과 같이 생각하니다. 가령 군인 수를 모두 충족시킨다고 하더라도 이러한 폐단이 고쳐지지 않는다면 변장邊將이 얻는 면포의 수만 증가시킬 뿐, 우리의 국방은 어떻게 되겠습니까? 이것이 첫 번째 폐단입니다.

두 번째 폐단

수군과 육군은 꼭 거주지에서 유방하는 것은 아니니 어떤 때는 며칠이 걸리는 일정으로 행군하기도 하고 어떤 때는 천리 밖으로 행군하기도 합니다. 그러다 익숙지 않은 물과 토양을 만나면 질병에 걸리는 사람도 많습니다. 이미 장수의 학대에 두려워하고 있는데 또 토병(土兵 그 지방의 토박이들로 뽑은 군사)이 무시하고 얕잡아보는 태도에 곤욕을 치르고, 체류하는 동안 추위와 각종 괴로운 일을 당하고, 굶고 과식하는 것이 불규칙합니다. 남쪽 출신의 군사들이 북방 변방에서 수역을 치를 때가 더욱 심한데 몸이 마르고 초췌하며 위태롭고 몰골이 사람 얼굴이 아닙니다. 이런 자들이 오랑캐의 기병을 만나면 도망하고자 하여도 그럴 수 없어 앉아서 적의 손에 어육魚肉이 될 판입니다. 상황이 이러한데 활시위를 당겨 적을 막기를 바랄 수 있겠습니까? 신이 듣건대, 황해도 기병으로서 평안도에 가서 수역을 대신 치를 자를 한 번 보내는 비용이 면포 30~40필 밑으로 내려

가지 않는다고 합니다. 30~40필은 백성 여러 가구의 생산량인데, 한 번 보내는 데에 꼭 여러 가구의 생산량만큼을 지불해야 하니 어찌 궁지에 몰려 도망치지 않겠습니까? 이것이 두 번째 폐단입니다.

세 번째 폐단

6년마다 군적을 만드는 제도는 폐지되어 시행하지 않다가 오랫동안 폐지된 끝에 계축년(명종 8년, 1553)에 장정들을 수색하여 다시 정비하려 하였습니다. 그런데 명을 받은 신하가 빠르게 일 처리하는 것을 잘하는 것으로 여겼습니다. 주州, 현縣에서도 그러한 관행을 좇아 모자랄 것을 걱정하여 오직 수색에 빠뜨린 것이 있을까만 염려하고, 억지로 숫자를 채우는 것이 화근이 되리라고는 생각지 못했습니다. 거지들도 포함시켜 숫자를 채웠고, 닭이나 개의 이름도 수록되어서 한두 해가 채 안 되어 태반이 허위인 장부가 완성되었습니다.

오늘날 20여 년 만에 국가 대사(군적 정비)를 시행하였는데 군사의 수가 모자란 것이 계축년보다 심하고 한정閑丁도 계축년보다 많습니다. 아무리 정교하게 수색한다고 한들 결국 밀가루 없이 수제비를 만들 수 있겠습니까? 지금 샅샅이 뒤져서 찾아낸 사람들도 아이가 아니면 거지고, 거지가 아니면 사족

土族입니다. 한정의 실제 수가 몇이나 되겠습니까? 오늘날 군적을 만든다 하더라도 하루도 안 가서 또다시 허위 장부가 될 것입니다. 해당 관청은 이런 정황을 보고 듣지 못한 것이 아닐 텐데도 자신만만하게 꼭 숫자를 채울 듯이 이야기합니다. 해당 관서는 너무나도 이치나 형세를 파악하지 못하고 있습니다. 이것이 세 번째 폐단입니다.

네 번째 폐단

중앙 정부와 지방의 양역良役[47]은 그 명목이 매우 많아 일일이 다 헤아릴 수 없고, 조례皁隸[48]와 나장羅將[49]이라 불리는 인원이 가장 고생이 심합니다. 이런 자들도 면포를 내고 대역(代役 군역 대상자 대신 군역을 치름) 값을 치를 뿐입니다. 해당 소속 관청은 벌써 다른 사람을 대신 군역 서게 처리해놓고는 불시에 들이닥쳐서 아전을 독촉하여 대역 빚을 갚게 합니다. 아전들은 백성들에게 이자를 받고 관청에 대역 값을 대신 납

부해주는데, 비용을 추산하여 한 사람에게 세 배의 비용을 징수합니다. 그러므로 백성 한 사람이 매번 세 사람 몫의 부역을 감당하게 되며, 이를 지불하지 못하면 관례대로 일족에게서 군역을 징수합니다. 이것이 네 번째 폐단입니다.

이상 네 가지 폐단을 지금 해결하지 못한다면 몇 년이 지나서 유능한 사람이 나온다고 해도 역시 어쩔 도리가 없을 것입니다. 엎드려 바라건대, 전하께서는 옛 제도를 개혁하시고 새로운 법규를 세우십시오.

첫 번째 폐단에 대한 해결책

병영兵營과 수영水營,[50] 그리고 진과 보가 있는 곳에 반드시 해당 읍의 장부에 기재되지 않은 곡식을 추가하여 적절하게 헤아려서 변장邊將에게 필요한 양식을 충분히 제공해야 합니다. 해당 읍의 곡식이 부족하면 근방 읍의 곡식을 받아서 변장으로 하여금 넉넉히 생활할 수 있게 하고 필요한 물품이 부족하지 않도록 하십시오. 그러나 법제를 엄하고 분명하게 적용

---

50 병영은 요충지에 주둔하는 육군 군영으로 병마절도사가 지휘하며, 수영은 수군 군영으로 수군절도사가 지휘하는 곳이다.

하여 한 자의 베, 한 말의 쌀이라도 변장이 군졸에게서 거두지 못하게 하시고, 다만 무기와 기구들을 정비하고 말 타기와 활쏘기를 교육하고 훈련시키도록 하십시오. 병마절도사와 수군절도사가 순시하며 점검할 때는 이름을 호명하며 빠진 인원을 점검하기만 할 것이 아니라 반드시 무기와 기구를 살펴보고 사병들의 말 타기와 활쏘기를 시험해보고 그들의 훈련이 잘되어 있는지 아닌지를 보아서 관리의 실적을 매겨 보고[殿最]하게 하십시오. 만약 예전처럼 군역 대상자에게 빚을 지게 하여 그 이익을 취하며 군역을 면제해주다가 발각되면 뇌물죄로 처리하십시오.

첨사, 만호, 권관 등의 관리들은 남쪽, 북쪽, 가까운 곳, 먼 곳 할 것 없이 모두 군인 직책[軍職]에 소속시켜 그들의 아내와 자식이 봉급으로 생계를 유지하도록 해주십시오. 애초에 벼슬을 줄 때 반드시 마땅한 사람을 가려 뽑고 이미 벼슬을 준 후에는 다섯 번 업적을 평가하여 다섯 번 상上을 받은 경우 권관은 만호로, 만호는 첨사로 승진시키고, 첨사는 동반(東班 문관을 말하며 무관을 의미하는 서반西班에 대칭하는 말) 6품직을 줍니다. 다섯 번 업적을 평가하여 중中을 받은 사람은 다른 진의 동일한 직위로 옮기게 하고 승급시키지 않으며 장래를 걱정하게 만들어서 더욱 부지런히 힘쓰도록 합니다.

두 번째 폐단에 대한 해결책

군관들이 유방을 한다면 반드시 해당 읍 출신의 병사들을 거느리도록 하고, 만약 병사들이 부족한 경우가 있다면 근방의 읍에서 데려다가 배정합니다. 유방의 소재지에서는 모든 종류의 양역을 폐지하고 오직 유방만 두어 치르게 하고, 먼 곳까지 가는 노고를 없애고 순번을 만들어 번갈아가며 쉬게 하십시오. 군관들이 진에 있을 때에도 조금이라도 국방력을 낭비하거나 재물을 손실하는 일이 없도록 하십시오. 군관들이 진장(鎭將 진의 방어를 맡은 장군)의 명령에 따르는 경우는 땔감이나 물을 옮기는 이외에 다른 일은 하지 않고 활을 다루고 쏘는 것을 습득하는 데에만 전력을 기울이게 하십시오.

황해도 기마병들의 북방 수역은 없앨 것을 명하여 하지 말도록 하십시오. 변방의 방어 태세에 틈이 있을까 걱정하신다면 인접한 변경의 수령들에게 명하여 백성에게 활쏘기를 가르치게 하시고, 3개월마다 한 번씩 시험하여 평가하고 맞히는 화살 수가 많은 사람은 넉넉히 포상을 내리십시오. 두 번 1등 한 사람은 그 가족 구성원의 부역을 면제해줍니다. 다섯 번 1등 한 사람이 병사일 경우는 군관으로 특별히 임명해주고, 그중에 대중을 통솔할 만한 학식이 있는 사람을 간택하여 해당 관청에 이름을 올려 권관으로 임명하여서 그가 과연 쓸 만한 인재인지를 시험해봅니다. 다섯 번 1등 한 사람이 공노비나 사노비라면 그 이름을 올려서 특별히 천인 신분을 벗어나게 해줍니다. 사노비인 경우는 그 주인에게 높은 금액을 지불해주십시오. 이렇게만 하신다면 다섯 번 활쏘기에 1등 한 사람은 비록 매우 드물게 나오지만, 변경에 거주하는 백성은 모두 정예 병사가 될 것입니다. 만약 변경에 적의 침입이 있으면 사람들이 각자 스스로를 지킬 텐데 누가 힘써 전쟁에 임하지 않겠습니까?

지방에서 한양으로 상번하러 오는 군사[上番之軍]들에 대해서도 담당 관리가 또한 때때로 그들의 무예를 시험해 그중 가장 우수한 사람은 상부에 아뢰어 상을 내리도록 하십시오. 다섯 번 1등 한 사람은 거주하는 곳 근처의 진이나 보에 군관으로 특별히 임명하여 보내어 수련할 의지를 가지게 하십시오.

세 번째 폐단에 대한 해결책

병적을 만드는 일은, 실제 군인을 얻는 데에 힘써야지 한정[閑丁]을 억지로 채워 넣으려고 해서는 안 됩니다. 15세 미만인 사람들은 다만 별도의 장부에 그 이름과 나이만 기록하고 나이가 차기를 기다렸다가 병적에 넣도록 합니다. 일당을 받고 일하는 날품팔이나 거지들은 모두 병적에서 제외합니다. 여러 읍의 군적은 옛 군인 수를 잠시 유지하지만, 몇 명이 모자라는

지를 기록합니다. 그리고 수령에게 명을 내려 백성을 편히 쉬게 하고 경제적으로 넉넉하게 해주는 일에 힘쓰고 게으름 피우지 않게 합니다. 그리하여 군역 대상자가 생기는 대로 충원하는데, 이때 기한을 정해두지 않고 모든 인원이 차는 것을 목표로 합니다.

또, 6년마다 규칙적으로 병적을 수정하여 갑자기 고쳐서 생길 혼란이 없게 하십시오. 만약 병사 수가 부족하여 여러 곳에서 군역을 치를 사람이 없을까 걱정하신다면 지방에서 한양으로 상번하러 오는 군사들의 수를 줄이십시오. 여전히 부족하면 방비가 허술해도 무방한 곳의 군사 수를 줄이십시오. 그래도 여전히 부족하면 남쪽 지방에서 겨울에 유방 서는 군사의 수를 줄이십시오. 그래도 여전히 부족하면 보병 중에서 면포를 바치고 군역을 면제받는 자들을 반으로 줄여서 유방이 부족한 곳에 충원하십시오. 유방을 서는 군사들이 군관들에게 가혹하게 수탈당하는 피해를 받지 않는 이상 보병들도 유방 서는 일을 늑대나 호랑이를 피하듯 회피하지는 않을 것입니다.

네 번째 폐단에 대한 해결책
조례나 나장과 같은 인원들은 꼭 소속을 가질 필요는 없으니 그런 직명을 폐지하여 모두 보병으로 편입시킵니다. 군역을 면제받으려 바치는 면포는 병조로 납부하게 하고, 병조가 각 관청에서 부역 치르는 사람의 수를 헤아려 면포를 제공하면, 아전들은 관청 사람이 불시에 들이닥쳐 면포를 내라고 독촉하는 일을 더 이상 당하지 않고, 백성은 세 배나 되는 가혹한 수탈을 당할 일이 없게 됩니다. 군사 행정의 좋은 대책이란 이런 것이 그 대체적인 내용이라고 할 수 있습니다.

이 다섯 가지가 백성을 편안히 하는 조목입니다. 대략 이러한데 그 세부적인 지침은 오직 전하께서 널리 다른 사람들의 의견을 구하여 대안을 세우는 데에 달려 있을 뿐입니다.

05

시국에 대하여

신이 가만히 보건대, 오늘날 시대가 당면한 사안들은 날로 잘
못된 방향으로 흐르고 백성의 기력은 날로 소진되어가고 있
습니다. '권세를 쥔 간사한 무리[權姦]'들이 국정을 농간하던
때보다 상황이 더 안 좋은데 왜 그런 것이겠습니까? 권세를
쥔 간사한 무리들이 활개를 치던 때에는 선대 임금의 좋은 정
치의 영향이 완전히 없어지지 않고 남아 있었기 때문에 조정
이 비록 혼란에 휩싸였다고 하나 백성의 기력이 여전히 건재
하였습니다. 오늘날은 선대 임금의 좋은 정치의 영향은 모두
없어졌고 권세를 쥔 간사한 무리들의 나쁜 영향은 자라나기
시작하였기 때문에 올곧은 논의[淸議]가 비록 이루어지더라
도 백성의 기력은 이미 고갈되었습니다.

비유하자면, 어떤 사람이 젊고 건강할 때는 방탕하게 술과
여자에 빠져 여러 가지로 건강을 해쳐도 혈기가 왕성하고 강

해서 건강을 해친 것이 드러나지 않습니다. 하지만 나이가 들어 그 독기가 신체의 노쇠함을 타고 갑자기 나타나면 비록 조심하고 몸조리를 잘하더라도 원기가 이미 크게 상한 터라 건강을 유지할 수 없는 것과 같습니다.

오늘날의 일도 실제로 이와 같아서 10년도 채 안 되어 재앙과 혼란이 반드시 일어날 것입니다. 보통 사람들도 열 칸의 집과 100묘畝의 밭을 자손에게 물려주면 자손은 그 집과 땅을 잘 지켜 조상을 욕되게 하지 않기를 바랍니다. 더군다나 오늘날 전하께서는 선대 임금께서 백 년을 유지하신 사직, 천 리나 되는 땅을 받으셨는데도 재앙과 혼란이 곧 들이닥치려고 합니다. 마음을 진실되게 하여 해결책을 구한다면 딱 들어맞지는 않을지라도 더 멀리 가지는 않을 것이고, 역부족이라 해도 자기 스스로 해결할 수 있습니다. 더군다나 오늘날 전하께서는 권력의 중추를 장악하고 계시고 사리 판단에 밝으시니 능력으로 보면 충분히 시대를 구제해낼 수 있습니다.

소신은 나라로부터 두터운 은혜를 받아서 백 번 죽어도 보답할 길이 없습니다. 정말로 나라에 도움이 되는 일이라면 정확(鼎鑊 가마솥) 속의 끓는 물에 사람을 삶는 형벌, 도끼로 목을 치는 형벌도 신은 피하지 않을 것입니다. 더군다나 오늘날 전하께서는 언로를 넓게 열어두시고 의견들을 거리낌 없이 수용하고자 하여 수교(手敎 임금이 손수 쓴 교서)를 내리셨습니다. 그 내용이 간절하고 정성스럽습니다. 신이 만약 제언을 드리지 않는다면 실제로 전하의 기대를 저버리는 것이기에 마음 깊은 곳에서 흘러나온 바를 모조리 말씀드렸습니다.

하지만 저는 병을 앓고 난 후라서 정신은 혼미하고 손이 떨려 문장이 비속하고 중복이 많으며 글이 겨우 이루어져서 볼 만한 것이 없습니다. 그렇지만 제가 올린 글의 뜻은 먼 것 같으면서도 실제로는 가까운 데에 있고, 제가 드린 대책은 우활한 것 같으면서도 실제로는 현실에 절박한 것입니다. 제가 제시한 대책들이 비록 하·은·주 세 시대의 제도는 아닐지라도 왕도정치의 토대이니, 이대로 실천하시면 효과가 있고 왕도정치를 이 땅에 실현할 수 있으실 겁니다.

삼가 바라건대, 전하께서는 저의 글을 자세히 보시고 숙독하시고 천천히 연구하시고 깊이 생각하시고, 취사선택하여 성상의 마음으로 정하십시오. 그런 다음 널리 조정 신하들에게 자문을 구하셔서 제가 드린 제언의 가부를 의논하시고 나서 받아들이시거나 물리치신다면 참으로 다행이겠습니다. 전하께서 소신의 대책을 채택하신다면 능력 있는 인물에게 맡기고 참된 마음으로 시행토록 하고 굳은 확신으로 그것을 고수하게 하십시오. 그리하여 과거의 규준을 지키자는 유속의 견해로 인해 바뀌지 않게 하고, 올바름을 시기하여 비방하는 혀로 인하여 흔들리지 않게 하십시오. 이렇게 하고도 3년이 지났는데 나라가 침체에서 벗어나지 않고, 백성이 평안하지 못하고, 병사들이 정예화되지 않으면 임금을 속인 죄로 소신을 처단하옵소서. 그리하여 요망한 말을 하는 자들에게 경계로 삼으소서. 신은 간절하고도 황공한 심경을 견딜 수 없나이다.

〈만언봉사〉

조선 500년을 가능케 했던 힘, 상소문

직간, 즉 율곡뿐만 아니라 조선의 강직한 선비들이 왕에게 했던 조언이자 강도 높은 비판은 조선 왕조 500년의 존속을 가능하게 했다. 율곡은 조선 왕조가 500년이나 지속될지 몰랐겠지만 〈동호문답〉과 〈만언봉사〉에서 신하들에게 직간을 권장하고 적극적으로 수용하는 군주가 정치를 잘할 수 있다고 임금에게 조언했다.

직간은 조정 신하라면 누구나 할 수 있는 것이지만, 조선에는 직간을 업으로 삼는 정부 기관이 있었다. 그러면 이 직간이 조선 전기에 어떻게 제도적으로 정착되고 그 과정에서 어떤 갈등을 야기했는지 알아보자. 아울러 율곡이 국왕과 대신들에게 했던 직간이 어떤 의미를 가지는지 살펴보자.

사림이 정계에 발을 들이기 시작한 시기는 성종 대였다. 성종(재위 1469~1494)이 막 즉위했을 때는 이미 대신의 권한이 막강한 시대였다. 예종(재위 1468~1469)의 급작스러운 붕어로 당시 13세라는 어린 나이에 왕위에 오른 성종은 직접 정치를 하지 못하고 대신들과 정희왕후가 정치를 대신했다. 성종은 친정親政을 시작하면서 왕권을 강화하고 대신들의 권한을 제어하려고 하였다. 그 수단으로 비교적 젊고 신진 세력으로 구성된 대간(사간원, 사헌부의 관원)을 지지하고 비호함으로써 대신들을 견제하였다. 이렇게 성종의 지지를 받고 성장한 대간은 점차 권한이 강해졌고 심지어 월권을 행사하기 시작했다. 그럼에도 성종은 전반적으로 직간을 충분히 수용하는 태도를 취했다. 성종 대 후반에 이르자 막강해진 대간 세력을 제어하기 위해 성종은 홍문관을 다시 지지하여 대간을 견제하는 전략을 썼다. 이렇게 성종 대 후반에는 감찰, 탄핵, 간쟁, 자문과 같은 기능을 가진 삼사(사간원, 사헌부, 홍문관)가 대신과 견줄 정도로 크게 성장하였다.

물론 직간의 역효과도 있었다. 직간을 업으로 하는 부서들의 힘이 강해지고 국왕도 이를 권장하자 직간이 도를 넘어서기 시작했다. 조선왕조실록을 보면 영의정이나 육조의 판서와 같은 고위 관료들도 젊은 관료의 탄핵을 받고 사직하는 모습을 무수히 많이 볼 수 있다. 이런 직간은 때론 감정적인 비난으로 치닫기도 하고 정적을 공격하는 데에 이용되기도 하였다. 삼사는 국왕이나 대신을 향하여 강도 높은 비판을 하고 반대 의견을 냄으로써 그들의 불만을 사고 악감정을 유발했다. 그리하여 율곡의 시기까지 삼사를 통해 세력을 확장해 오던 사림들이 사형되거나 옥에 갇히는 네 번의 사화가 일어나게 된다.

연산군이 즉위했을 무렵에는 삼사의 권한과 위상이 이미 커질 대로 커진 상황이었다. 연산군은 세자 시절부터 삼사의 탄핵과 간쟁을 매우 싫어했고 집권 후에도 삼사와 대립하면서 갈등을 빚었다. 연산군은 대간의 탄핵과 간쟁을 종종 능상 淩上, 즉 아랫사람이 윗사람을 능멸하는 것으로 묘사했다. 이러한 갈등을 배경으로, 연산군은 일련의 사건들을 문제 삼아 사화를 단행하였다. 무오사화와 갑자사화라는 두 차례 사화를 일으켜 삼사를 억누르고 왕권을 강화하려고 한 것이다. 사화를 겪으면서 삼사에서 세력을 키우던 사림들의 기세가 꺾이고 간쟁과 탄핵도 횟수가 줄었다. 갑자사화 이후에 연산군은 더 거침없는 방종과 음행을 일삼다가 결국 반정군에 의해 폐위되고 만다.

반정으로 왕위에 오른 중종(재위 1506~1544)은 반정 과정에서 어떤 역할도 하지 못하고 다만 추대되기만 했기 때문에 즉위 초에 국정을 주도하지 못했다. 반정공신들이 권력을 잡고 의정부와 육조의 대신 직을 차지하였다. 거의 10년 만에 친정을 시작한 중종은 조광조 등의 젊은 관료들을 대거 등용하여 삼사에 포진시켰다. 이들 신진 세력을 지지함으로써 대신들을 견제하려는 목적이었다. 삼사에 포진한 조광조 등의 젊은 문신들은 도덕적 정치 질서 회복을 기치로 개혁을 추구하였다. 하지만 그들이 보인 당파성과 급진성은 대신의 원성을 샀고, 그동안 전폭적으로 지지하던 중종의 마음까지 돌아서게 만들었다. 결국 중종은 기묘사림의 숙청을 단행하였다.

율곡은 젊은 시절 바로 이 삼사의 관직을 두루 역임하면서 임금과 대신들에게 직간했다. 특히 〈동호문답〉을 바쳤던 시기에 그는 홍문관 교리로 있으면서 〈동호문답〉과 유사한 내용의 차자(箚刺 간략한 상소문)를 여러 번 써서 올렸다. 당시에 홍문관 부제학으로 있던 류희춘柳希春은 율곡의 강직한 성품과 날카로운 비판에 대해서 크게 칭찬하고 그의 글을 임금께 올리는 상소문으로 택하곤 했다. 홍문관 관원으로 올리는 상소는 개인의 의견이라기보다는 홍문관 전체의 의견을 대표하는 성격을 띠었다. 그렇기 때문에 홍문관 관원들은 모여서 토론하여 의견을 모아서 몇 명이 상소를 쓰고 그 중에서 한두 개를 선택하여 임금께 올렸다. 류희춘의 《미암일기眉巖日記》를 보면 그가 부제학을 하면서 율곡이 쓴 글을 자주 상소로 채택하여 올렸음을 알 수 있다. 류희춘은 율곡에 대해 다음과 같이 평가했다.

첫 번째 차자는 류성룡이 지은 것을 쓰고 두 번째 차자는 이숙

헌(율곡)이 지은 것을 썼는데, 숙헌은 지을 때마다 반드시 뛰어나고 시원하니 참으로 시국을 구제할 인재였다. 옥당(홍문관)의 관리들이 모두 탄복했다.

당시 홍문관에는 뛰어난 인물들이 많았다. 훗날 대신의 지위에 오르는 류성룡柳成龍, 이산해李山海, 윤근수尹根壽 등이 같은 시기에 홍문관 관료로서 율곡과 함께 토론하고 상소문을 올렸다. 이런 인물들이 모두 탄복할 정도로 율곡은 훌륭한 글 솜씨와 식견으로 정평이 난 것이다.

율곡은 대신들에게도 거침없이 직언을 하기로 유명했다. 당시 영의정에다 연배도 아버지뻘인 이준경李浚慶을 율곡은 임금 앞에서 쏘아붙였다. 승지 기대승奇大升이 임금을 면대하여 김개金鎧가 사림을 해치려 한다고 비판하자, 이준경은 기대승의 비판이 법도가 아닐 뿐만 아니라 승지가 해야 할 일이 아니라 대간이 해야 할 일을 월권한 것이라고 기대승을 공격하였다. 이에 율곡은 다음과 같이 이준경을 비판하였다.

승지 역시 경연에 참여하는 관원입니다. 면대를 청하여 말씀을 아뢰는 것 역시 승지의 직분입니다. 오늘날 좋은 정치는 시행되지 않고 갖가지 제도는 허물어지고 해이해졌는데도 의욕적으로 법도를 새롭게 바꾸지 않고 상규에만 얽매여서 예전의 제도만

율곡의 상소

지킨다면 어떻게 쌓여 있는 폐단을 제거하고 큰일을 할 수 있겠습니까? 대신이 임금을 도道로 인도하지 못하고, 오로지 근래의 상규만을 지키려고 애쓰고 있으니, 이것은 아랫사람들이 바라는 바가 아닙니다.

이와 같이 율곡은 대신들의 보수적인 태도에 반감을 가지고 있었다. 율곡은 대신이 관료들을 이끌어 잘못된 폐단들을 고치고 임금을 도道로 인도해주길 기대했지만, 그런 기대에 부응하지 못하자 크게 실망했다. 그래서 대신들에게 공개적으로 직언을 퍼붓기도 하고, 문집에서 대신들에 대해 부정적인 평가를 내리기도 했다.

요컨대 율곡은 삼사의 관료로서 마땅히 해야 할 직언과 간쟁을 한 것이지만 율곡만큼 강하게 직언을 할 수 있는 사람은 당시 조정에 많지 않았다. 네 번의 사화를 거치면서 직언을 한다는 것은 신하들에게 큰 부담이었을 것이다. 율곡의 직간을 특별하게 만들어주는 것은 바로 그런 시대 분위기 속에서 자신의 지위에 맞는 일을 충실히 그리고 묵묵히 해냈다는 점이다.

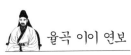

율곡 이이 연보

서기	왕력	나이	당시 관직	내용
1536	중종 31	출생		율곡 이이 강릉 외가에서 태어나다.
1545	명종 즉위년	10세		을사사화가 일어나다.
1548	명종 3	13세		진사 초시에 합격하다.
1551	명종 6	16세		모친상을 당하다.
1554	명종 9	19세		어머니를 잃은 슬픔을 못 이겨 불교에 귀의하기로 결심하고 금강산에 들어가 승려 생활을 시작하다.
1555	명종 10	20세		승려 생활을 반성하는 글인 〈자경문自警文〉을 짓고 유학으로 돌아오다.
1556	명종 11	21세		서울에서 문과 초시인 한성시에 응시하여 장원하다.
1557	명종 12	22세		노경린의 딸과 혼인하다.
1558	명종 13	23세		장인을 방문하고 돌아오는 길에 예안에 들러 퇴계 이황 선생을 만나다. 겨울에 문과 별시에 응시하여 장원하다. 이때 제출한 답안인 〈천도책天道策〉을 보고 시험관들이 천재라고 감탄하다.
1561	명종 16	26세		부친상을 당하다.
1564	명종 19	29세	호조 좌랑 (정6품)	문과 장원 급제하다. 첫 관직 호조 좌랑으로 정치 입문하다.
1567	명종 22 선조 즉위년	32세	이조 좌랑 (정6품)	명종 승하하다.
1569	선조 2	34세	홍문관 교리 (정5품)	〈명종실록〉의 편찬에 참여하다. 사가독서를 얻어 〈동호문답〉을 저술하여 선조 임금께 바치다. 외할머니의 병환을 간호하기 위해 휴가를 받고 강릉에서 내려갔다가 외할머니 상을 치르다.

율곡의 상소

서기	왕력	나이	당시 관직	내용
1570	선조 3	35세	홍문관 교리 (정5품)	병으로 사직하고 해주로 돌아가다. 퇴계의 부고를 듣고 곡하다.
1571	선조 4	36세	청주 목사 (정3품)	청주 목사로 취임하다.
1572	선조 5	37세	사직	건강상의 이유로 청주 목사를 사직하고 서울로 돌아오다. 임금이 잇따라 벼슬을 내렸으나 사직하고 파주 율곡으로 내려가 '인심도심人心道心'과 같은 성리학 이론에 대해 성혼과 토론하다. 영의정 이준경이 임종 때 붕당을 만들지 말 것을 경고하는 차자를 올리다. 이에 율곡이 반박하는 상소를 올리다.
1573	선조 6	38세	홍문관 직제학	중앙 정계로 복귀하다.
1574	선조 7	39세	우부승지 (정3품)	재이가 일어나 선조가 구언 교서를 내리자 《만언봉사》를 지어 올리다.
1575	선조 8	40세	홍문관 부제학 (정3품)	《성학집요》를 저술하여 임금께 올리다. 사림이 동인東人과 서인西人으로 나뉘어 당쟁하기 시작하다.
1576 ~1580	선조 9 ~선조 13	41세 ~45세	은거 홍문관부제학 (정3품), 사간원 대사간 (정3품)	1576년 사직하고 파주, 해주에 머무르며 저술 및 강학 활동하다. 1577년 어린이 교육을 위한 책 〈격몽요결擊蒙要訣〉을 짓다. 1580년 4년간의 은거를 마치고 대간의 직으로 정계에 복귀하다.
1583	선조 16	48세	병조판서 (정2품)	국방 강화를 위한 개혁안인 〈시무육조時務六條〉를 지어 바치다. 동인東人의 비판과 탄핵을 받고 사직하다.
1584	선조 17	49세	이조판서 (정2품)	한성부 대사동에서 세상을 떠나다. 파주 선영에 안장되다.

찾아보기

1. 〈동호문답〉과 〈만언봉사〉 번역문에 나온 어휘만을 정리하였다. 즉, 〈깊이 읽기〉와 각주에만 나온 어휘는 찾아보기의 표제어에 포함하지 않았다.
2. 찾아보기는 일반 용어와 인물, 두 가지로 나누어 정리하였다.
3. 본문에 번역어로만 등장한 단어는 한자음을 표제어로 뽑고 괄호 안에 본문에 나온 뜻을 밝혔다.

   예) 본문: 하늘의 덕[天德] ⇒ 찾아보기: 천덕天德(하늘의 덕)
   　　본문: 옛 도[古道] ⇒ 찾아보기: 고도古道(옛 도)
4. 나라 이름과 왕의 이름은 간추려 정리하였다.

   예) 본문: 양梁나라의 원제元帝 ⇒ 찾아보기: 양梁 원제元帝

율곡의 상소

인물

역해자 오세진

연세대학교 철학과와 동 대학원 석사를 졸업했다. 전 다산학사전팀 보조 연구원으로 일했으며
한국고등교육재단 한학 연수 과정을 수료했다. 옮긴 책으로 《징비록》(공역)이 있다. 논문으로
〈대학연의에서 수양론과 경세론의 관계 연구〉가 있다. 조선과 중국의 역사와 사상에 대해 깊은
관심을 가지고 있다. 현재 관련 서적을 번역하고 강의하고 있다.

율곡의 상소

초판 1쇄 인쇄일 2019년 06월 10일
초판 1쇄 발행일 2019년 06월 17일

저자	율곡 이이		
역해자	오세진		
발행인	이승용		
주간	이미숙		
편집기획부	박지영 황예린	**디자인팀**	황아영 한혜주
마케팅부	송영우 김태운	**홍보마케팅팀**	조은주 김예진
경영지원팀	이루다 이소윤		

발행처 |주|홍익출판사
출판등록번호 제1-568호
출판등록 1987년 12월 1일
주소 [04043]서울 마포구 양화로 78-20(서교동 395-163)
대표전화 02-323-0421　　**팩스** 02-337-0569
메일 editor@hongikbooks.com
홈페이지 www.hongikbooks.com

제작처 갑우문화사

ISBN 978-89-7065-691-5(03900)

이 도서의 국립중앙도서관 출판예정도서목록(CIP)은
서지정보유통지원시스템 홈페이지(http://seoji.nl.go.kr)와
국가자료공동목록시스템(http://www.nl.go.kr/kolisnet)에서 이용하실 수 있습니다.
(CIP제어번호 : 2019020987)